Y0-EGI-065

# Fuentes
## para
## Conversación y Composición

PEDRO P. BERMÚDEZ
SAMYE MOTT CIMERHANZEL
JAMES B. SILMAN

*University of Houston*

D. VAN NOSTRAND COMPANY
*New York   Cincinnati   Toronto   London   Melbourne*

D. VAN NOSTRAND COMPANY Regional Offices:
New York    Cincinnati    Millbrae

D. VAN NOSTRAND COMPANY International Offices:
London    Toronto    Melbourne

Copyright © 1976 by Litton Educational Publishing, Inc.

Library of Congress Catalog Card Number: 75-23588
ISBN: 0-442-20689-5

All rights reserved. No part of this work covered by the copyright
hereon may be reproduced or used in any form or by any means—graphic,
electronic, or mechanical, including photocopying, recording, taping,
or information storage and retrieval systems—without written permission of
the publisher. Manufactured in the United States of America.

Published by **D. Van Nostrand Company**
**135 West 50th Street, New York, N.Y. 10020**

10  9  8  7  6  5  4  3  2

*Photo Credits*

Facing page 1: Rogers, Monkmeyer. Page 4: Economic Development Administration, Commonwealth of Puerto Rico. Page 8: Merrim, Monkmeyer. Page
12: Economic Development Administration, Commonwealth of Puerto Rico. Page
18: Forsyth, Monkmeyer. Page 22: United Nations. Page 26: Trans World Airlines. Page 30: Manufacturers Hanover Trust. Page 34: Trans World Airlines.
Page 38: Monkmeyer. Page 42: Monkmeyer. Page 46: Wagner International
Photos, Inc. Page 50: Colombian Government Tourist Office. Page 54: Anderson,
Monkmeyer. Page 58: Cron, Monkmeyer. Page 62: United Nations. Page 66:
United Nations. Page 70: Hays, Monkmeyer. Page 74: Barad, Monkmeyer. Page
78: Forsyth, Monkmeyer. Page 82: Merrim, Monkmeyer. Page 84: Katherine
Young. Page 88: Economic Development Administration, Commonwealth of
Puerto Rico. Page 92: United Nations. Page 96: Rogers, Monkmeyer.

# *Preface*

*T*his book is designed to provide source materials for conversation and composition in Spanish. The topics are of the type with which the students already have some familiarity or with which they can easily identify. Their contents are such that students may already have opinions about them one way or another. The emphasis, therefore, is not primarily on teaching the contents but on providing enough information to stimulate discussion and writing, and on how students express themselves in Spanish, using ideas that they already have in mind.

Each of the twenty-five units consists of a narrative text followed by two sets of questions—*Preguntas basadas en el texto* and *Preguntas libres*. These questions are designed to cue responses about the contents of the unit topics and, beyond this, as springboards for more general conversation and discussion.

We recommend a three-step procedure involving the instructor and two students with the first question sequence in the unit:

MODEL: Profesor (Profesora): Juana, pregúntele a Carlos qué espectáculo triste se ve durante la matrícula. Después de su respuesta, pregúntele a Carlos si cree que se resolverá el problema.

Juana: Carlos, ¿qué espectáculo triste se ve durante la matrícula?

Carlos: Durante la matrícula se ve el triste espectáculo de largas filas de jóvenes en espera interminable.

Juana: ¿Cree que se resolverá el problema, Carlos?

Carlos: Sí, creo que se resolverá el problema.

Profesor (Profesora): Juana, ¿está Ud. de acuerdo con la respuesta de Carlos?

Juana: No, Profesor (Profesora), porque creo que hay demasiados estudiantes.

Profesor (Profesora): Carlos, ¿está Ud. de acuerdo con lo que
    dice Juana?
Carlos:   No, Profesor (Profesora), porque aunque hay muchos
    estudiantes creo que algún día se resolverá el problema.

For succeeding questions, other students should be involved or switch
roles until all students have participated to the extent that time and circum-
stances permit. This procedure allows for direct immediate participation on a
guided basis to get conversation started smoothly. It also keeps the conversation alive and moving along until all the salient facets of the topic have been
brought out.

In the next phase of the procedure, students may ask their own questions of each other, basing them on the material presented. Following this
phase, there are questions whose answers do not necessarily have to be based
on the printed texts, but may be based on whatever ideas the students wish to
express in response to the questions. The same questions may be asked of
more than one student. For maximum involvement, students should be encouraged to ask questions of each other and to comment on the answers
given by responding students. The idea here is to provide stimulus and opportunity for original thought and expression. Many of the topics lend themselves to exchanges approaching the character of a debate.

The next logical assignment is for each student to write a composition
on some aspect of the material that has been discussed. Themes are suggested
for each topic in the book. Students may, of course, write on other relevant
themes approved by the instructor. We recommend that compositions be
written in class, without the use of notes or other aids, after the students
have been given advance notice and time to prepare themselves for the task.

We would like to express our appreciation to Eduardo Béjar, María
Welch, Julia Bermúdez, and Walter Rubín for their advice and assistance in
the preparation of this book.

                                                    P.P.B.
                                                    S.M.C.
                                                    J.B.S.

# Contents

# Fuentes

## para
### Conversación y Composición

# La computocracia
# y los días de matrícula

Muchas de las universidades con más de quince mil alumnos ofrecen un triste espectáculo de largas filas de jóvenes en espera interminable durante los días de matrícula. Últimamente casi todas las universidades grandes utilizan computadoras para este efecto. ¿Se ha resuelto el problema de las esperas interminables en las largas filas? Parece que no.

Algunos dicen que se trata del mismo perro con diferente collar. Hay quienes aseguran que la burocracia ha sido suplantada por una criatura aún más cruel e insensible: la computocracia. Cada alumno, cada curso, cada profesor o profesora es una cifra. Estas cifras se acumulan en unas tarjetas misteriosas llenas de agujeritos. Si no se siguen las órdenes computocráticas con toda exactitud, sobrevienen calamidades espantosas. Por ejemplo, una vez un alumno descubrió que estaba matriculado en un curso de japonés. Esto no tendría nada de particular si no fuera por dos cosas: la primera, que dicho alumno no había planeado estudiar japonés; y la segunda, que en aquella universidad no se ofrecían cursos de japonés. No se sabe a ciencia cierta si el error se debió a un numerito equivocado o a un pequeño cambio en el voltaje eléctrico. Un amigo de aquel alumno estaba empeñado en una idea: juraba que era una computadora sesgada, que favorecía el estudio de japonés porque había sido construida en el Japón y programada en un principio por técnicos japoneses.

En otra oportunidad, unos treinta o cuarenta alumnos se congregaron frente a una puerta cerrada con llave el primer día de clases. Al fin llegó el profesor con la cara muy roja y les anunció que se trataba de una equivocación de la computadora. Aquella puerta cerrada no era la del aula. Era la puerta del saloncito donde se guardaban los instrumentos de limpieza.

Así es que no se sabe por seguro si el uso de computadoras ha contribuido a un mejoramiento del sistema para la matrícula o, al contrario, contribuye a la confusión sin eliminar las largas filas y otros problemas.

1

Además, como se ha indicado, la computadora puede fracasar y los resultados no son siempre humorísticos para los alumnos que reciben el impacto de los errores cometidos.

Sin embargo, no se puede negar que las computadoras tienen una capacidad enorme para tragar y arrojar una gran cantidad de tarjetas con rapidez.   Eso, según los partidarios del uso de las computadoras, justifica el empleo de estas misteriosas máquinas electrónicas.   A pesar de las declaraciones de dichos partidarios, las filas de estudiantes se hacen cada vez más largas.   Además, las correcciones necesarias son numerosas.   Estas correcciones cuestan mucho tiempo y trabajo manual.   Así es que las computadoras necesitan la ayuda de personas de carne, hueso y sesos para que el sistema funcione.

Parece que se ha establecido una gran computocracia a enorme costo sin eliminar muchos de los problemas precomputocráticos.

## Preguntas Basadas en el Texto

1.   ¿Qué espectáculo triste se ve durante la matrícula?
2.   ¿Qué utilizan las universidades grandes para la matrícula?
3.   ¿Se ha resuelto el problema de largas filas?
4.   Según dicen algunos, ¿de qué se trata?
5.   Según algunos, ¿cómo ha sido suplantada la burocracia?
6.   ¿Cómo se acumulan las cifras?
7.   ¿Por qué sobrevienen calamidades espantosas?
8.   ¿Qué capacidad tienen las computadoras?
9.   ¿Qué cuestan las correcciones?
10.   ¿Qué ayuda necesitan las computadoras?

## Preguntas Libres

1.   ¿Se deben usar computadoras para la matrícula?   ¿Por qué?
2.   ¿Se puede mejorar la matrícula?   ¿Por qué?
3.   ¿Ha sufrido Ud. errores en la matrícula?
4.   ¿Conoce Ud. a personas que han sufrido errores en la matrícula?
5.   ¿Le gustan a Ud. los días de matrícula?   ¿Por qué?
6.   ¿Cree Ud. que es cruel e insensible la computocracia?   ¿Por qué?

## Temas para Composiciones

1. Ventajas del uso de computadoras para la matrícula
2. Desventajas del uso de computadoras para la matrícula
3. Experiencias personales con la matrícula
4. El sistema que recomienda Ud. para la matrícula
5. El impacto de los errores cometidos por computadoras

# La selección de una carrera y los estudios apropiados

Con frecuencia el estudiante de un colegio o de una universidad cambia su programa de estudios una o más veces. Lo hace para escoger un programa más apropiado y así tener más éxito en una carrera después de terminar los estudios. Esto resulta a veces en una pérdida de tiempo y de créditos ya acumulados, que no le sirven al estudiante cuando cambia de programa.

Una de las causas principales de estos cambios es la falta de información. El estudiante no está bastante informado acerca de las varias carreras antes de comenzar sus estudios universitarios. Por eso, el programa que el estudiante elige al principio muchas veces no es apropiado para la carrera en que llega a tener más interés. Así es que al conocer mejor los requisitos de las carreras, el estudiante puede escoger la que más concuerda con su capacidad, con su talento y con sus deseos. Muchas veces, cuando el estudiante llega a comprender esto, ya ha seguido un programa que le sirve muy poco para la carrera más apropiada. De allí brota la necesidad de cambiar el programa con las pérdidas de tiempo, de gastos y de créditos acumulados.

¿Cómo se puede evitar este problema o por lo menos reducirlo a un mínimo? Algunos dicen que la mejor solución es impartir a los estudiantes experiencia en varias carreras, antes del comienzo de sus estudios universitarios. Los que más insisten en este sistema proponen darles a los estudiantes de las escuelas secundarias oportunidades de obtener experiencia en varias posibles carreras. Estos proponentes creen que vale la pena emplear hasta la mitad del tiempo en un trabajo exploratorio.

La idea no es solamente darles conferencias y hacerles leer sobre varias carreras, sino también darles experiencia con empleo verdadero. De esta manera los estudiantes pueden juzgar después de tener contacto personal, y pueden determinar si tienen la aptitud, la capacidad y el talento para ciertas carreras, antes de elegir un programa y comenzar sus estudios universitarios.

Claro está que esto no puede resolver ni evitar todos los problemas. Tampoco puede garantizar que no habrá cambios de programa después para evitar resultados catastróficos de carrera y de vida. Pero los proponentes de este sistema mantienen que la selección se basará en una mayor experiencia personal.

Por otro lado, los contrincantes mantienen que se perderá mucho tiempo que los estudiantes necesitan para sus estudios en las escuelas secundarias. Dicen que, como consecuencia, los estudiantes llegarían a los colegios y a las universidades sin suficiente preparación para seguir los cursos universitarios.

Así es que hay dos facetas y dos opiniones principales acerca de la mejor manera de proseguir. Al mismo tiempo tal vez sea apropiado preguntar si se debe proseguir según uno de estos sistemas o buscar otro sistema mejor. Hay quienes sugieren un sistema en que los estudiantes trabajen de día y asistan a clases de noche, lo cual ha producido buenos resultados en muchos casos. Es obvio que no puede haber una solución perfecta para todo el mundo. Cada persona tiene que analizar sus propias circunstancias, teniendo en cuenta todos los aspectos de su situación.

## Preguntas Basadas en el Texto

1. ¿Por qué cambian algunos estudiantes su programa de estudios?
2. A veces, ¿cuál es el resultado de los cambios?
3. ¿Cuál es una de las causas principales de los cambios?
4. ¿Por qué no es apropiado a veces el primer programa?
5. ¿Por qué es importante conocer los requisitos de una carrera?
6. ¿De dónde brota la necesidad de cambiar el programa?
7. Según algunos proponentes del trabajo exploratorio, ¿cuál es la mejor solución?
8. Según esta solución, ¿qué pueden determinar los estudiantes?
9. Según los proponentes de este sistema, ¿qué se puede afirmar?
10. ¿Qué mantienen los contrincantes?

## Preguntas Libres

1. ¿Qué programa debe elegir un estudiante?
2. ¿Qué debe conocer el estudiante acerca de una carrera?
3. ¿Debe cambiar un estudiante su programa de estudios? ¿Por qué?
4. ¿Debe evitar un estudiante cambios de programa? ¿Por qué?
5. ¿Qué piensa Ud. del sistema de experiencia personal?
6. ¿Qué piensa Ud. de las ideas de los contrincantes?

7.   ¿Deben los estudiantes trabajar de día y asistir a clase de noche si lo desean?   ¿Por qué?
8.   ¿Qué sistema siguió Ud.?   ¿Le gustó?   ¿Por qué?
9.   ¿Qué sistema prefiere Ud.?   ¿Por qué?
10.   ¿Por qué no puede haber una solución perfecta para todo el mundo?

## Temas para Composiciones

1.   Ventajas de un sistema de trabajo exploratorio en las escuelas secundarias
2.   Desventajas de un sistema de trabajo exploratorio en las escuelas secundarias
3.   Ventajas de un sistema tradicional en las escuelas secundarias
4.   Desventajas de un sistema tradicional en las escuelas secundarias
5.   El sistema que siguió Ud.
6.   El sistema que prefiere Ud. para las escuelas secundarias
7.   Cómo prepararse para una carrera

# Invasiones de la vida privada

Siempre se ha considerado de suma importancia el derecho de cada ciudadano a que se le respete su vida privada. Sin embargo, el progreso tecnológico ha tenido un gran impacto con respecto a este derecho y ha sido utilizado por algunas personas para invadirlo.

A veces se ha obtenido y acumulado información por medio de instrumentos electrónicos. Supuestamente se ha hecho para lograr cierto propósito que parece ser bueno. Por ejemplo, la acumulación de datos pertinentes al crédito personal es muy común. Muchas veces se usa esta información de una manera que es verdaderamente justa y apropiada. A pesar de esto, existe el peligro de que esta información pueda usarse para difamar al individuo o hacerle víctima de un chantaje. Y eso pasa en algunos casos.

El problema principal es cómo proteger los intereses de los ciudadanos. Para resolver este problema, es necesario controlar los medios tecnológicos que por un lado pueden ser útiles, y por otro lado pueden utilizarse perjudicialmente. Parecen ser *espadas de dos filos*. No son pocos los que se preocupan por este asunto, desde los más altos funcionarios del gobierno, hasta los ciudadanos comunes. Y ha habido bastantes casos de abusos. El empleo de máquinas para grabar conversaciones en cintas magnéticas ha sido un método utilizado con frecuencia para perpetrar abusos.

Aunque funcionarios del gobierno y miembros del congreso han mostrado gran preocupación, les ha sido difícil promulgar leyes y reglas completamente satisfactorias. Es verdad que a veces las cortes, la policía y las casas comerciales necesitan información para actuar de un manera justa y eficaz. Pero siempre existe la posibilidad de abusos. Hay muchos ejemplos de sentencias de prisión o detención sin prueba final de culpabilidad. Hay otros casos en que se archiva por muchos años información referente a travesuras insignificantes de la adolescencia. Además hay muchos ejemplos de difamación de carácter y de reputación.

Se han considerado varias limitaciones con intención de mejorar la situación. Algunas personas creen que la información referente a condenas previas debe ser destruida después de algunos años en que no se hayan añadido nuevas condenas. Otra idea es la de guardar la información sellada y solamente abrirla si una corte decide que sea necesario. También algunos opinan que no se deben emplear instrumentos electrónicos para acumular demasiada información de dudoso valor. Hay además la creencia de que la información acerca de condenas debe ser limitada en su divulgación. Opinan que dicha información en manos de casas comerciales o de agencias de crédito debe ser completamente revelada a la persona a quien pertenece. Así, dicha persona puede examinarla o disputarla si quiere. Y más aún, puede exigir que corrijan cualquier información incorrecta. De esta manera, los individuos pueden tomar acción contra la divulgación de información falsa.

No faltan contrincantes de estas ideas. Ellos defienden su posición con el argumento de que la información es absolutamente necesaria para sus operaciones. Sin embargo, algunas investigaciones han revelado que hay mucha información guardada que es incorrecta y perjudicial. Además, a veces hay robos de información que después se emplea de varias maneras, incluyendo el chantaje en contra del individuo. Eso indica que hay un gran problema en guardar la información con seguridad.

Tal vez el problema nunca sea resuelto con satisfacción total. A pesar de eso, es absolutamente esencial que haya constante vigilancia para evitar las invasiones dañosas de la vida privada que perjudican al individuo.

## Preguntas Basadas en el Texto

1. ¿Qué derecho es de suma importancia?
2. ¿Qué ha causado un gran impacto?
3. ¿Qué medio se usa para acumular información rápidamente?
4. ¿Qué uso bueno se puede hacer con la información del crédito?
5. ¿Qué uso malo se puede hacer con la información del crédito?
6. ¿Cuál es el problema principal?
7. ¿Por qué se dice que los medios son *espadas de dos filos*?
8. ¿Quiénes se preocupan por el asunto? ¿Por qué?
9. ¿Cuáles son algunas ideas para mejorar la situación?
10. ¿Cómo se defienden los contrincantes?

foturas.

Jo, se lasta se hacen

So?????

Por mucho desencanto que puede HABER
con problemas políticos, económicos, y sociales
En los Estados Unidos, No se puede llegar
que este país continúa ofreciendo opportunidades
como un aborto. Esto esta aguar dramaticamente
los miliares de (inmigrantes
que entran cada en los estados políticos
Generalmente, se hay deseos de trabajar
encuentran tra...

## Preguntas Libres

1.  ¿Se debe acumular información acerca del crédito?  ¿Por qué?
2.  ¿Debe la policía acumular información acerca de la vida privada? ¿Por qué?
3.  ¿Deben las cortes acumular información acerca de la vida privada? ¿Por qué?
4.  ¿Se deben emplear instrumentos electrónicos para acumular información acerca de la vida privada?  ¿Por qué?
5.  ¿Hay demasiadas invasiones de la vida privada?  ¿Por qué?
6.  ¿Se deben permitir tantas invasiones de la vida privada?  ¿Por qué?
7.  ¿Se pueden promulgar leyes satisfactorias?  ¿Por qué?
8.  ¿Se deben limitar los medios que se usan para invadir la vida privada? ¿Por qué?
9.  ¿Es posible diferenciar los intereses privados de los intereses públicos? ¿Por qué?
10. ¿Es necesario que uno sepa datos acerca de la vida privada de sus vecinos?  ¿Por qué?

## Temas para Composiciones

1.  La necesidad de acumular información acerca de la vida privada
2.  Abusos de información sobre la vida privada
3.  Limitaciones para controlar abusos contra la vida privada
4.  El empleo de instrumentos electrónicos para acumular información acerca de la vida privada
5.  El problema de guardar información acerca de la vida privada
6.  El papel de las cortes con respecto a invasiones de la vida privada
7.  El problema de la veracidad de información acumulada

# El deporte y los atletas

*E*l ejercicio físico es una actividad que los seres humanos han practicado siempre. Hay bastantes ejemplos para demostrarlo.

Los griegos mezclaban bailes con desfiles militares. También practicaban una serie de deportes que, aún hoy, con ligeras variantes, se practican en los juegos olímpicos.

En la época medieval, los deportes eran, por lo general, ejercicios de destreza militar y así continuaron hasta los tiempos de nuestros bisabuelos. Durante el siglo XX los deportes se han organizado mucho en casi todo el mundo. En gran parte de los países europeos y americanos y también en el Japón, los deportes han llegado a ser un negocio que entretiene al público. Además, este negocio proporciona un medio de vida a los deportistas con riqueza para los más sobresalientes, y enriquece enormemente a los dueños.

Entre los deportes profesionales más populares de nuestra época se pueden citar el béisbol o pelota, el baloncesto o basquetbol, el balompié, el tenis y el golf. El fútbol norteamericano y el "rugby" inglés no se han extendido a muchos países.

El balompié es, sin duda, el deporte más popular de Europa y del continente sudamericano. Pero hay un deporte que ha unido, más que cualquier otro, a Norteamérica con el sur, especialmente la zona del Caribe. Este deporte es el béisbol o la pelota como lo llaman algunos. Es el deporte nacional de Cuba, Puerto Rico, la República Dominicana, Venezuela y Panamá. También es muy popular en México y en otros países.

Desde hace muchos años, blancos, negros y mulatos han jugado y han aplaudido juntos este deporte. En el estadio, tanto en los asientos como en el terreno, se olvidan las diferencias políticas y raciales. Se aplauden fuertemente las proezas atléticas de jugadores como Hank Aaron, Willie Mays,

Pete Rose o Tony Pérez. Ni el color de la piel ni la pronunciación del idioma se interponen entre el bate y la pelota.

Los deportistas que se distinguen llegan a ganar magníficos sueldos y son mimados por los fanáticos. Algunos también reciben mucho dinero haciendo anuncios para la televisión o prestando su nombre para ciertos productos comerciales.

Pero hubo un caso que llegó a ser triste y sublime: el de Roberto Clemente. No solamente fue un pelotero del más alto calibre, sino que murió, trágicamente, cuando trataba de ayudar a otros seres humanos que estaban sufriendo. Evidentemente, la fama no se le fue a la cabeza. Por muchos años, Clemente gastó dinero y energías para mejorar la vida de los niños pobres de Puerto Rico. Cuando se enteró del terrible terremoto que destruyó gran parte de Managua, capital de Nicaragua, en diciembre de 1972, Clemente se puso a organizar, inmediatamente, modos de llevar alimentos y medicinas a las víctimas. Habría sido relativamente fácil prestar su nombre y hacer algún donativo económico. Pero Roberto Clemente no era así; quiso ir con el primer avión que saliera de Puerto Rico hacia Nicaragua. Por una de esas ironías incomprensibles del destino, el avión cayó al mar, muy cerca de su isla. El cargamento caritativo se destruyó. El cadáver de Clemente no se encontró nunca. Lo único que queda de él es su nombre y su ejemplo. Su fama de atleta y su dedicación a aliviar el sufrimiento humano son testigos permanentes de su grandeza.

A pesar de tan bello ejemplo, hay una pregunta que se escucha a menudo: ¿hemos malcriado a los atletas profesionales? ¿Por qué?

En los últimos años ha habido una epidemia de huelgas en varios deportes profesionales. A veces, el énfasis de los huelguistas no ha sido necesariamente monetario, sino que más bien ha consistido en ciertas cláusulas de contratos, y otros aspectos de las relaciones entre los jugadores y los dueños de equipos.

Un hecho, sin embargo, es evidente. Cualquier joven con la necesaria habilidad física, y con el debido entrenamiento, puede comenzar a jugar baloncesto, béisbol o fútbol profesional y ganar más dinero que cualquiera que tenga un "Ph.D." Claro está que no sucede esto en las llamadas *ligas menores*. Pero, ¿qué gana un estudiante graduado mientras toma sus cursos?

Según pasan los años, los atletas profesionales ganan más sueldo, tienen mejores condiciones de trabajo, reciben seguros médicos más comprensivos, y mayores pensiones de retiro. Al mismo tiempo, el precio de entrada a los estadios ha ido subiendo en forma vertiginosa. Un matrimonio con tres hijos puede gastar unos sesenta o setenta dólares cualquier domingo por la tarde en un partido de fútbol: entradas, estacionamiento, algo de beber y comer. Lógicamente, quienes dependen de un sueldo promedio, no pueden darse ese lujo. Solamente los ricos pueden hacerlo sin chistar.

Parece que la situación es bastante ilógica y que, como sucede tan a menudo, quien paga los platos rotos es el individuo que no tiene dinero para tirar.

En béisbol de grandes ligas los sueldos fluctúan entre $20,000 y $170,000 o más por temporada. En baloncesto y fútbol son todavía más altos y los atletas solamente trabajan unos cuantos meses al año. Un factor importantísimo para el enriquecimiento de los atletas ha sido la televisión. Cada juego que se televisa representa un ingreso monetario enorme para las empresas deportivas. Lo que no parecen comprender ni los empresarios ni los jugadores es que la televisión puede pagar tanto, gracias a los patrocinadores de los programas. Y los anuncios van dirigidos a los televidentes que son aficionados a los deportes. Son los aficionados, pues, los que compran esos productos que permiten a los empresarios deportivos y a los atletas profesionales amasar sus fortunas.

Quizás haya llegado el momento de establecer escalas sensibles y lógicas en los sueldos de los atletas. Cuando se haga esto (que no es imposible), los aficionados no gastarán tanto dinero para poder ver su deporte favorito y, posiblemente, mejorará la actitud de numerosos atletas profesionales que se comportan como si fueran seres privilegiados que se lo merecen todo.

## Preguntas Basadas en el Texto

1. ¿Cómo eran los deportes en la época medieval?
2. ¿Qué han llegado a ser los deportes en el siglo XX?
3. ¿Cuáles son los deportes profesionales más populares?
4. ¿Qué deporte ha unido más a Norteamérica con sus amigos latinos?
5. ¿Qué cosas se olvidan en el estadio?
6. ¿Qué ganan los deportistas que se distinguen?
7. ¿En qué gastó Clemente dinero y energías?
8. Según pasan los años, ¿qué mejoramientos hay para los atletas profesionales?
9. ¿Cuál es el impacto para quienes dependen de un sueldo promedio?
10. ¿Cuál es la importancia de los televidentes aficionados a los deportes?

## Preguntas Libres

1. ¿Le gustan a Ud. los deportes? ¿Por qué?
2. ¿Contribuyen los deportes al mejoramiento de la sociedad? ¿Por qué?
3. ¿Qué se puede decir de la vida de Roberto Clemente?
4. ¿Qué piensa Ud. de los precios de entrada a los estadios?

5. ¿Qué piensa Ud. de los sueldos de los atletas profesionales?
6. ¿Se establecerán algún día sueldos sensibles para los atletas profesionales? ¿Por qué?
7. ¿Son malcriados los atletas? ¿Por qué?

## Temas para Composiciones

1. El deporte predilecto de Ud.
2. El valor de los deportes
3. El aspecto comercial de los deportes
4. El aspecto humano de los deportes
5. Cómo participar en algún deporte
6. Roberto Clemente como atleta y como persona
7. El problema de los precios de entrada para el aficionado promedio
8. El impacto de la televisión con respecto a los deportes
9. La importancia de los televidentes con respecto a los deportes y los patrocinadores de los programas

# El misterio del bostezo

¿Por qué se dice que el bostezo es un misterio? Hay varias explicaciones. En primer lugar, todo el mundo bosteza: bebitos, jóvenes, adultos. Pero nadie sabe con certeza por qué. Además, todos bostezan en una gran variedad de circunstancias. Bostezan cuando tienen sueño. Bostezan al despertarse. Bostezan cuando están aburridos. Bostezan cuando están satisfechos y tranquilos. Bostezan cuando ven a otra persona bostezar.

Algunos científicos creen que el bostezo se relaciona con una necesidad del cuerpo de inyectar más oxígeno en la sangre. Según ellos, la mayoría de los bostezos ocurren cuando una persona está en una situación de poca actividad física. Así es que, por la falta de actividad física, los pulmones no se hinchan a toda su capacidad; la cantidad de oxígeno que entra en la sangre es pequeña, y puede llegar a una situación de deficiencia. Entonces el cuerpo reacciona con actos reflejos, y el resultado es uno o más bostezos. La boca se abre anchamente y hay una gran entrada de aire en los pulmones. Con este aumento de aire, la sangre también recibe un aumento de oxígeno que el cuerpo necesita y que se satisface por medio del acto reflejo del bostezo.

Sin embargo, hay otras opiniones acerca del porqué de los bostezos. Algunos creen que el bostezo se relaciona con el estado de las emociones. Según esta teoría, las personas bostezan cuando están tranquilas o satisfechas. Para los que tienen esta creencia, el bostezo es más bien el resultado de un estado emocional que de un estado físico. Este estado emocional exige el bostezo como manifestación de su tranquilidad, y el bostezo termina con un suspiro de alivio.

Hay también otras personas que relacionan el bostezo con un instinto natural de probar el aire para determinar si hay peligro o no. El bostezo sirve para hacer más agudo el sentido del olfato. De este modo, el bostezo

muestra su utilidad para indicar al individuo si hay algo que le amenaza. El bostezo es una acción automáticamente refleja del cuerpo para averiguar si hay algo dañoso en sus alrededores. Se efectúa especialmente antes de dormirse y después de despertarse.

Según lo susodicho, parece que todas las teorías tienen algo de credibilidad. Sin embargo, las teorías son distintas. Y además, no solamente los seres humanos bostezan, sino que también los animales lo hacen. El misterio del bostezo es difícil de aclarar.

Uno puede preguntar, ¿qué importa si se aclara o no el misterio del bostezo? Hay varias posibles respuestas a esta pregunta. Algunos quieren aclarar el asunto por razones de salud física. Si el bostezo en verdad ayuda para mejorar el nivel de oxígeno en la sangre, entonces una persona puede esforzarse por hacer los ejercicios de bostezar y así mejorar su salud física. Otros quieren aclarar el asunto por razones de salud emocional. Si en verdad el bostezo está relacionado con un estado de tranquilidad, entonces una persona puede esforzarse por bostezar y así calmarse de una manera muy natural. Otros quieren aclarar el asunto por razones relacionadas con la averiguación de peligros amenazadores. Hay tantas habitaciones que usan gas para las estufas y los calentadores que no se puede negar la importancia de un buen bostezo como medio de precaución para descubrir una peligrosa fuga de gas. Según los proponentes de esta idea, es solamente una cuestión de disciplina personal. Un gran bostezo antes de dormirse y después de despertarse puede darle a uno la advertencia para salvar la vida. Cuando uno se siente fatigado, un bostezo vigoroso puede introducir en el cuerpo el oxígeno que la sangre necesita. Y cuando uno se siente nervioso, un bostezo tranquilizante puede servir para calmarlo.

Esta destreza se puede emplear como medio de mejorar la salud física y emocional, mientras que protege al individuo, dándole advertencias de posibles peligros. Así que parece que todo el mundo debe disciplinarse a hacerse experto en el ejercicio de bostezar.

## Preguntas Basadas en el Texto

1. ¿Quiénes bostezan?
2. ¿Cuándo bostezan?
3. Según algunos científicos, ¿con qué se relaciona el bostezo?
4. Según algunos científicos, ¿cuándo ocurren la mayoría de los bostezos?
5. ¿Por qué no se hinchan los pulmones a toda capacidad a veces?
6. ¿Cuál es el resultado cuando los pulmones no se hinchan a toda su capacidad?
7. Según una teoría del bostezo, ¿cómo reacciona el cuerpo cuando los pulmones no se hinchan a toda capacidad?

8. ¿Cuál es el resultado de esta acción refleja del cuerpo?
9. ¿Cuál es la teoría acerca del estado de emociones?
10. ¿Cuál es la teoría acerca de la advertencia de peligro?

## Preguntas Libres

1. ¿Estará el bostezo relacionado con la necesidad de inyectar oxígeno en la sangre?  ¿Por qué?
2. ¿Estará el bostezo relacionado con el estado de las emociones?  ¿Por qué?
3. ¿Estará el bostezo relacionado con un instinto de determinar peligro? ¿Por qué?
4. ¿Cuál es la experiencia personal de Ud. con el bostezo?
5. ¿Se debe aclarar el misterio del bostezo?  ¿Por qué?

## Temas para Composiciones

1. La teoría de Ud. acerca del misterio del bostezo
2. La opinión de Ud. acerca de la teoría de la utilidad del bostezo con respecto a la salud física
3. La opinión de Ud. acerca de la teoría de la utilidad del bostezo con respecto a la salud emocional
4. La opinión de Ud. acerca de la teoría de la utilidad del bostezo para averiguar si hay peligro
5. Experiencias personales con el bostezo
6. Por qué se debe aclarar el misterio del bostezo
7. Por qué no se debe aclarar el misterio del bostezo

# El programa nuclear, ¿progreso o catástrofe?

La crisis mundial de energía ha dado ímpetu al desarrollo del programa nuclear como medio de producir energía. No se puede negar la utilidad del programa en cuanto a este aspecto pacífico y deseable. Sin embargo, algunos han indicado que hay un gran peligro porque cada año más y más naciones están construyendo y utilizando reactores nucleares. Aunque el propósito hipotético es para usos pacíficos, el peligro es que el plutonio que se produce como producto secundario en estos reactores se puede emplear en causas bélicas. Y ahora que el número de reactores nucleares se aumenta cada año, el peligro también se aumenta.

Hay tantas naciones que tienen la capacidad de producir plutonio del cual se pueden fabricar armas nucleares, que el poder verdaderamente ya está en tantas manos que no se puede controlar. Así es que, cualquier día, un fanático puede llegar a tener este poder y causar una catástrofe.

La tecnología de construir bombas de materia nuclear es universalmente conocida. Además, se ha producido tanta materia fisionable en el mundo que no se sabe exactamente cuánta hay y quién la tiene. Con tanta materia en tantos lugares, un gran peligro es que un fanático, un grupo de bandidos o unos guerrilleros se apoderen de la materia y que la empleen para chantaje o para destrucción.

No es necesario que un fanático construya una bomba de plutonio para causar mucho daño. El plutonio es venenoso si se inhala o si entra en la sangre por una cortadura. Así es que un paquete de plutonio envuelto con dinamita, si se detona, puede dejar una gran área contaminada por los peligros ya mencionados.

Parece pues, que el peligro más inmediato es el robo del plutonio. El problema es cómo guardar tanto plutonio en tantos lugares sin que alguien robe una cantidad de la materia fisionable. Ya que la materia fisionable

esté robada y quede en manos de fanáticos, los posibles peligros son bastante evidentes.

A pesar de que los riesgos existen, la construcción de reactores nucleares sigue aumentándose.   Como ya se mencionó, cada reactor nuclear crea como producto secundario una cantidad de plutonio.   Así es que muchos opinan que el peligro más ominoso para nuestra civilización no es la escasez mundial de comestibles, ni la escasez de energía, ni la contaminación del aire ni del agua.   Dicen que es más bien el aumento progresivo de la cantidad de plutonio en el mundo, que se produce bajo pretextos pacíficos, pero que se presta fácilmente a proyectos catastróficos.

El terrorismo con bombas convencionales es un peligro mundial que en verdad no se puede controlar.   Ahora, si agregamos a este terrorismo que ya existe, el empleo del plutonio, parece que a la larga es inevitable una catástrofe de grandes proporciones.

Los reactores nucleares de los Estados Unidos que producen electricidad, para fines del siglo veinte habrán producido diez millones de kilogramos de plutonio.   Y solamente se necesita un paquetito de plutonio para efectuar una catástrofe.   Unos fanáticos determinados pueden robarse esa cantidad, porque es imposible proteger eficazmente tanta materia, esparcida en tantos lugares, y transportada de un lugar a otro.   A pesar de todas las precauciones que se pueden tomar para la protección del plutonio, es mucho esperar que no pueda haber robos por parte de personas con malas intenciones.

Así es que muchos opinan que el progreso que nos trae el programa nuclear, a la larga, nos llevará a una o más catástrofes.

## Preguntas Basadas en el Texto

1.   ¿Qué cosa ha dado ímpetu al desarrollo del programa nuclear?
2.   ¿Cuál es el aspecto pacífico del programa nuclear?
3.   ¿Qué ocurre año tras año con la cantidad de reactores nucleares?
4.   ¿Cuál es el propósito supuesto de los reactores nucleares?
5.   ¿Cuál es el peligro del producto secundario de los reactores nucleares?
6.   ¿Por qué se aumenta el peligro cada año?
7.   ¿Por qué no se puede controlar el peligro?
8.   ¿Cuál es el estado de la tecnología de construir bombas de materia nuclear?
9.   ¿Qué se sabe de la materia fisionable que ya se ha producido?
10.   ¿Qué peligro hay si un fanático se apodera de la materia fisionable?
11.   ¿Qué daño puede causar el plutonio aunque no se use en la construcción de bombas?
12.   ¿Cuál es el peligro más urgente?

13. Según algunos, ¿cuál es el peligro más ominoso para nuestra civilización?
14. ¿Cuál es el problema del terrorismo con respecto al plutonio?
15. ¿Por qué es difícil evitar robos del plutonio?

## Preguntas Libres

1. ¿Vale la pena el progreso del programa nuclear?   ¿Por qué?
2. ¿Debe nuestro país ayudar a otras naciones a construir reactores nucleares?   ¿Por qué?
3. ¿Se pueden evitar robos del plutonio?
4. ¿Debe nuestro país construir reactores nucleares para producir energía? ¿Por qué?
5. ¿Se puede evitar una guerra nuclear?
6. ¿Contribuirán las armas nucleares a evitar guerras?   ¿Por qué?
7. ¿Contribuirán las armas nucleares a fomentar guerras?   ¿Por qué?

## Temas para Composiciones

1. Las ventajas de los reactores nucleares
2. Las desventajas de los reactores nucleares
3. El peligro del plutonio con respecto al terrorismo
4. Problemas de guardar el plutonio
5. La construcción de reactores nucleares para producir energía
6. La construcción de reactores nucleares en países extranjeros

# La moraleja del optimismo

Se dice que una sonrisa de alegría se relaciona con un estado de optimismo y de buena salud. Y si se acepta, como algunos opinan, que la buena salud es la base para el éxito, entonces se puede proclamar que una sonrisa efervescente lleva en sí la fuente para brotar e iniciar una serie de acontecimientos de mucho valor.

Un optimista piensa que estamos viviendo en un mundo intrínsecamente bueno. Para él, todo saldrá bien a la larga. Así es que si una persona de veras es optimista, las posibilidades de éxito sin duda son más concretas. También el estado de ánimo tiene gran impacto en el funcionamiento físico del cuerpo. El cuerpo del optimista funciona biológicamente mejor que el cuerpo del pesimista. El pesimismo a veces causa parálisis de ciertas funciones biológicas del cuerpo, y hay mayor susceptibilidad a enfermedades.

Algunos dicen que la mejor manera de que una persona pueda mantenerse optimista es con mucha actividad física. El ejercicio físico es una gran ayuda con respecto al estado del espíritu. Se debe hacer cuando sea posible.

¿Por qué se puede decir que el optimista tiene mucha capacidad·para alcanzar sus metas? Porque no se da por vencido. Es un espíritu muy perseverante. Así es que si le toca un fracaso en alguna empresa, su optimismo le empuja para buscar otros medios de alcanzar sus deseos. Tarde o temprano, si sigue perseverando, tiene mucha oportunidad de lograr éxito.

Al contrario, el pesimista se da por vencido muy pronto, y por eso es más probable que no tenga el éxito del optimista. El optimismo se fortifica y se aumenta a sí mismo. Cada vez que un optimista tiene éxito, su confianza crece aún más. Así es que el optimismo tiene en sí su propio medio de crecimiento y adelanto.

Una persona segura de sí misma ejerce mucha influencia en otras personas, de modo que no es extraño que el optimismo sea una característica de líderes sobresalientes.   Algunos mantienen que el que gana la batalla es el que cree que lo puede hacer.   Esta filosofía se puede aplicar a cualquier problema que se encuentre en la vida.   Según este criterio, para tener éxito, uno debe creer que va a tenerlo y proseguir con esa confianza.   En cambio, el pesimista muchas veces no tiene confianza, y llega a quedar aislado de las demás personas.   Esto disminuye sus oportunidades de ejercer influencia sobre ellas, y así tener éxito.

Cuando se comparan los impactos del optimismo con los del pesimismo, es bastante evidente la superioridad de aquéllos.   La moraleja que se puede derivar de todo esto es que el optimismo cuesta poco pero ofrece mucho.   Con un poco de disciplina personal, uno puede ser optimista, con las ventajas susodichas del optimismo y sin las desventajas del pesimismo.

## Preguntas Basadas en el Texto

1.   ¿Qué se dice de una sonrisa de alegría?
2.   Según lo que dicen algunos, ¿cuál es la base para el éxito?
3.   ¿Qué lleva en sí una sonrisa efervescente?
4.   ¿Qué piensa un optimista del mundo en que vivimos?
5.   Si una persona es verdaderamente optimista, ¿cómo son sus oportunidades de tener éxito?
6.   ¿Cuál es el impacto del estado de optimismo en el funcionamiento físico del cuerpo?
7.   ¿Cuál es el impacto del estado de pesimismo en el funcionamiento físico del cuerpo?
8.   ¿Cuál es el efecto de la actividad física con respecto al estado del espíritu de una persona?
9.   ¿Por qué tiene el optimista muchas oportunidades de alcanzar sus metas?
10.   ¿Por qué es probable que el pesimista no tenga el éxito del optimista?
11.   ¿Por qué se puede decir que el optimismo es una característica de líderes sobresalientes?

## Preguntas Libres

1.   ¿Qué opina Ud. del optimismo?
2.   ¿Hay peligros en ser muy optimista?   ¿Por qué?
3.   ¿Qué opina Ud. del pesimismo?
4.   ¿Hay peligros en ser muy pesimista?   ¿Por qué?

5.  ¿Es Ud. optimista o pesimista?  ¿Por qué?
6.  ¿Cuáles deben ser las características principales de un líder sobresaliente?

## Temas para Composiciones

1.  El valor del optimismo
2.  El impacto del pesimismo
3.  El peligro de demasiado optimismo
4.  El peligro de demasiado pesimismo
5.  Por qué soy optimista
6.  Por qué soy pesimista

# *La metamorfosis automovilística*

El automóvil, desde su invención, ha sufrido una metamorfosis constante. Al principio, los automóviles eran verdaderas rarezas en ruedas. Poco a poco se hicieron más comunes y más prácticos, pero casi al mismo tiempo comenzaron las distinciones entre autos de lujo y autos sencillos. En los Estados Unidos, el automóvil se convirtió en el medio de transporte más corriente y en vehículo recreativo. Para algunos, llegó a ser un verdadero símbolo de ostentación.

Mientras en Europa se fabricaba un mínimo de autos deportivos o sedanes de lujo y la gran mayoría era de compactos, en los Estados Unidos la industria comenzó un gran cambio en la década del 50. Hasta los autos supuestamente más modestos comenzaron a engordar y crecer rápidamente. El cromo rodeaba la carrocería como los collares de una persona vanidosa. Los motores comenzaron a cultivar músculos hercúleos y a tragar gasolina como un barril sin fondo. Cada año se presentaban los nuevos modelos con colas más largas, motores más potentes y precios más altos. Eran ya capaces de correr a velocidades de ciento veinte millas por hora: cuarenta o sesenta millas por hora sobre el límite legal en cualquier carretera. Muchas personas llegaron a pagar más dinero al mes en los plazos del automóvil que en el alquiler de su casa o de su apartamento.

En medio de esta megalomanía rodante, comenzaron a venderse en los Estados Unidos autos alemanes, franceses, ingleses, suecos, italianos y japoneses. Al principio eran francamente feos e incómodos, pero económicos. Poco a poco se fueron embelleciendo algo (o la gente se fue acostumbrando a ellos) sin perder en economía. La industria automovilística norteamericana de vez en cuando anunciaba el nacimiento de un compacto, pero, invariablemente, en dos o tres años dicho compacto se volvía algo acromegálico y, claro está, dejaba de ser un modelo económico.

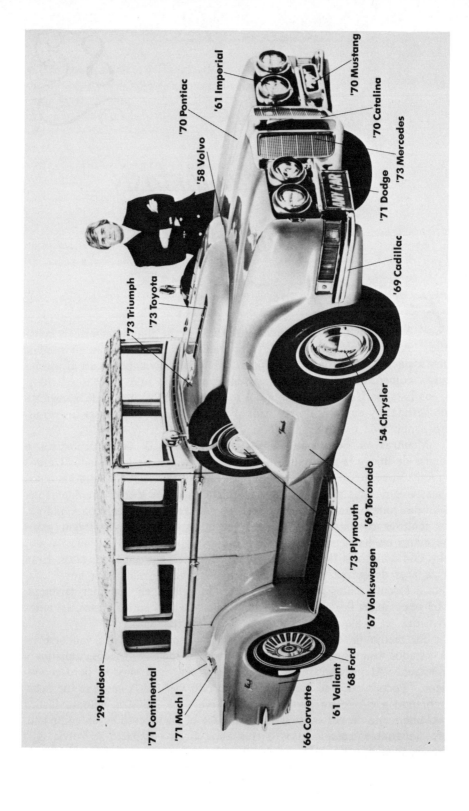

'29 Hudson
'71 Continental
'71 Mach I
'66 Corvette
'61 Valiant
'68 Ford
'67 Volkswagen
'73 Plymouth
'69 Toronado
'54 Chrysler
'69 Cadillac
'71 Dodge
'73 Mercedes
'70 Catalina
'70 Mustang
'61 Imperial
'70 Pontiac
'58 Volvo
'73 Triumph
'73 Toyota

ANY CAR

La crisis de combustibles derivados del petróleo cambió aún más la escena automovilística.  Varios modelos consumían gasolina en un estimado de un galón por ocho millas.  Pero, al llegar la crisis, ¿quién querría comprar un automóvil que no hiciera cerca de veinte millas por galón?  Cuando comenzaron a aparecer letreros anunciando que se había acabado la gasolina, mucha gente se volvió loca tratando de cambiar sus autos gastadores por otros más económicos.  Cuando se impuso el límite de velocidad máxima de 55 millas por hora, ¿quién necesitaba un auto con un motor de más de 400 pulgadas cúbicas?  La verdad es que nadie.

Es una lástima que haya tenido que surgir una situación tan trágica para abrir los ojos de la gente ante tanta insensatez.  Sin embargo, es posible que en unos cuantos años se vea de nuevo el automóvil como un medio de transporte práctico y económico, sin dejar de ser cómodo.  Es posible también que, con velocidades reducidas, haya menos accidentes y menos muertes en las carreteras.  No hay duda que la industria norteamericana es capaz de producir vehículos sensatos y económicos.

Sin embargo, todavía queda la duda: si se resuelve la crisis del petróleo, ¿qué hará la industria automovilística?  ¿Volverá a producir mastodontes motorizados?

## Preguntas Basadas en el Texto

1.   ¿Qué ha sufrido el automóvil desde su invención?
2.   ¿Cómo eran los automóviles al principio?
3.   Al pasar los años, ¿cómo cambiaron?
4.   ¿Qué distinciones se veían?
5.   ¿Qué medio de transporte era para algunos?
6.   ¿Qué símbolo era para algunos?
7.   ¿Qué ocurrió en la década del 50?
8.   ¿Cómo eran los automóviles extranjeros?
9.   ¿Qué crisis cambió la escena automovilística?
10.   ¿Qué pasó cuando aparecieron letreros anunciando que se había acabado la gasolina?

## Preguntas Libres

1.   ¿Qué tipo de automóvil prefiere Ud.?  ¿Por qué?
2.   ¿Cuál debe ser el límite de la velocidad máxima?  ¿Por qué?
3.   ¿Se deben importar autos extranjeros?  ¿Por qué?
4.   Según su opinión, ¿qué tipos de automóviles se producirán en el futuro?  ¿Por qué?

## Temas para Composiciones

1. Impacto de la crisis de combustibles
2. Impacto de la llegada de automóviles extranjeros
3. Evolución del automóvil en los Estados Unidos desde el principio hasta la fecha
4. El automóvil del futuro
5. El automóvil ideal

# El presidente, el congreso y el público: una lucha continua

El problema de los intereses y de los derechos del público para enterarse de las acciones de los gobernantes se discute más cada año. En verdad ha llegado a tal punto que hay un gran conflicto. El conflicto resulta porque en muchos casos los que gobiernan no quieren revelar al público lo que están haciendo.

Un caso que preocupa a la gente es el privilegio ejecutivo del presidente de la república. El presidente, quienquiera que sea, tiene ciertas responsabilidades para conducir relaciones internacionales. También tiene obligaciones para la defensa de la nación. Muchas veces es necesario actuar de una manera oculta o secreta. Es verdad que ocasionalmente ciertas cosas no pueden ser reveladas sin causar grandes peligros y riesgos para el gobierno y para el público. Allí nace el empleo del privilegio ejecutivo para no revelar al público lo que el presidente juzga ir en contra de los intereses nacionales. El problema es que quien está juzgando es el mismo que está actuando y defendiendo sus propias acciones. Además es un político. Así es que el juzgador no va a revelar nada en contra de sus intereses personales. O, por lo menos, sería mucho esperar que lo hiciera.

Al mismo tiempo, los miembros del congreso también tienen responsabilidades. Para cumplir con éstas y actuar con inteligencia, tratan de averiguar lo que está haciendo el presidente. Este a veces les niega lo que piden para sus investigaciones, reclamando su privilegio ejecutivo para negárselo. Al pasar esto, los miembros del congreso, sospechosos, se quejan y apelan a las cortes para conseguir los datos e información que desean. También, por medio de la prensa, discursos, radio y televisión, crean un gran espectáculo para que el público sepa lo que les está pasando y les preste apoyo en sus investigaciones. El presidente les acusa de politiquear con cosas serias pertinentes a responsabilidades suyas. Según él, no pue-

den ser reveladas sin hacer gran daño a la nación y a los intereses del público.

Los jueces de las cortes están en el centro como árbitros, tratando de determinar lo que de veras el presidente debe revelar. Los periodistas y los locutores de radio y televisión tratan de averiguar todo lo que puedan para revelarlo al público. Así es que hay una lucha continua por todos lados. El resultado, por lo general, es que algo sale revelado y algo queda suprimido. Esto no los deja a todos completamente satisfechos.

Lo bueno de la situación es que hay cierto balance que resulta inevitablemente de esta lucha. Este balance sirve para mantener cierto equilibrio. La verdad es que algunas revelaciones pueden hacer daño, pero otras no. Y estas últimas deben darse a conocer, aunque el presidente trate de esconderlas para protegerse a sí mismo o para mejor defender u ocultar sus acciones, que a veces son puramente políticas.

A pesar de que algunos miembros del congreso se quejan de las acciones del presidente, ellos también tienen sus secretos. Aunque la mayoría de los comités de la cámara de diputados (representantes) del congreso conducen sus negocios en sesiones abiertas, unos cuantos comités importantes hacen gran parte de su trabajo en sesiones secretas. Por ejemplo, uno de los comités de suma importancia es el de las apropiaciones de dinero, y muchas veces se cierran las puertas de sus sesiones, sin dejar entrar al público. Otro comité muy significativo, que conduce muchas sesiones en secreto, es el de servicios militares. El comité de modos y medios es otro comité muy importante que trabaja en secreto. Así es que tres de los comités de más importancia en la cámara de diputados del congreso conducen muchas sesiones en secreto.

Los comités del senado trabajan de una manera aún más secreta que los de la cámara de diputados. El resultado de todo esto es que muchas veces el público no se entera de las acciones que más le importan.

Los miembros del congreso habitualmente se quejan de que el presidente de la nación actúa demasiado en forma secreta y emplea el privilegio ejecutivo para no revelarles lo que tienen el derecho de saber. Hay que admitir que a veces es necesario actuar en secreto, especialmente cuando se trata de la seguridad nacional. Pero parece que muchas veces se cierran las puertas de las sesiones de los comités del congreso, esencialmente para ocultar sus acciones del público. Y, aquí está la ironía de la situación.

¿Qué es lo más significativo de todo esto para el público? ¿Demandar que haya más candor verdadero por parte de los miembros del congreso y por parte del presidente y sus funcionarios? ¿Mantenerse vigilante y lo mejor informado posible? ¿Ejercer sus derechos de buenos ciudadanos, participando de una manera u otra en el proceso político del país? Y, en fin, ¿se debe concluir que habrá lucha continua?

## Preguntas Basadas en el Texto

1. ¿Cuál es el problema del público que se discute más cada año?
2. ¿Por qué hay conflicto?
3. ¿Cuál es el dilema del privilegio ejecutivo?
4. ¿Cuál es el dilema de los miembros del congreso?
5. ¿Cuál es el dilema del público?
6. ¿Cuál es el papel de los jueces de las cortes?
7. ¿Cuál es el papel de los periodistas y los locutores?
8. Por lo general, ¿cuál es el resultado de la lucha?
9. ¿Cómo actúan muchos comités del congreso?
10. ¿Por qué se puede decir que hay ironía en ciertas acciones de los comités del congreso?
11. ¿Qué demandan los intereses del público?

## Preguntas Libres

1. ¿Qué opina Ud. del privilegio ejecutivo?
2. ¿Qué opina Ud. de los derechos de los miembros del congreso?
3. ¿Qué opina Ud. de los derechos del público?
4. ¿Qué opina Ud. del papel de los jueces de las cortes?
5. ¿Qué opina Ud. del papel de los periodistas y de los locutores?
6. ¿Qué es lo más significativo de todo esto para el público?
7. ¿Se debe concluir que habrá una lucha continua?  ¿Por qué?

## Temas para Composiciones

1. La necesidad del privilegio ejecutivo
2. Los abusos del privilegio ejecutivo
3. Los derechos de los miembros del congreso
4. Los derechos del público
5. La importancia de mantener un balance con respecto al gobierno
6. Lo que deben hacer los buenos ciudadanos
7. La necesidad de las sesiones abiertas del congreso
8. El valor de sesiones cerradas del congreso
9. Lo que demandan los intereses públicos
10. Cómo mejorar el sistema existente

# El país de las oportunidades

Por mucho desencanto que pueda haber con problemas políticos, económicos y sociales en los Estados Unidos, no se puede negar que este país continúa ofreciendo oportunidades como ningún otro. Esto lo atestiguan dramáticamente los millares de inmigrantes y refugiados políticos que entran cada año en los Estados Unidos. Generalmente, si hay deseos de trabajar, se encuentra trabajo y hasta se hacen fortunas. Mientras en algunos países extranjeros, especialmente en los comunistas, se ha hablado por años de la decadencia de los Estados Unidos, éste sigue siendo el país a donde vienen cientos de millares de personas en busca de libertad y de bienestar. Las estadísticas abundan, pero quizás un caso en particular sea más gráfico.

Muchísimos cubanos salieron de su país y vinieron a éste. Uno de ellos, después de haber tratado por todos los medios de luchar por la libertad de su patria, tuvo que resignarse ante la realidad. Aunque había hecho estudios de nivel universitario en Cuba, el único empleo que pudo encontrar en la ciudad de Miami, Florida, fue el de hacerse taxista. Desempeñó este oficio durante diez meses. Luego se trasladó a otro estado, más al norte. Durante un verano fue lechero, otro oficio que jamás había esperado ejercer. A fines del verano comenzó a enseñar español en una escuela privada. Al poco tiempo se puso a tomar cursos nocturnos en la universidad y continuó en los veranos. A los cuatro años recibió su maestría y empezó a enseñar en un colegio. El cambio de enseñar a varones en una academia militar, a la enseñanza de alumnas en un colegio para señoritas, fue muy distinto y muy interesante. Hay que añadir que para cursar sus estudios universitarios tenía que viajar en automóvil casi una hora cada viaje y por montañas.

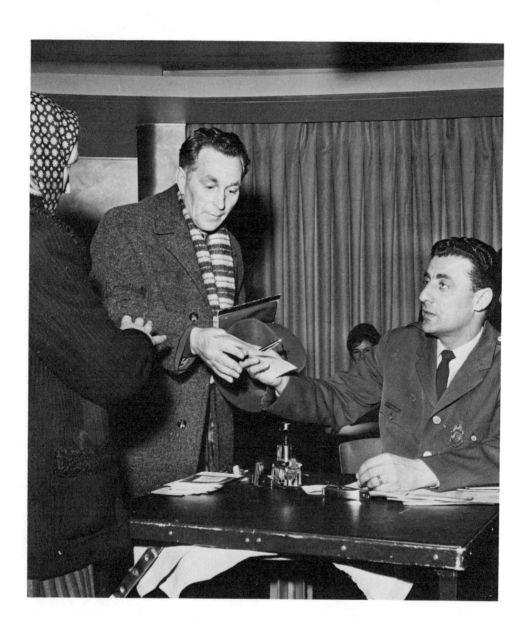

En cuanto obtuvo la maestría, comenzó sus estudios para el doctorado. Sólo que ahora la distancia era mayor: una hora y media cada viaje. A los dos años se mudó para la ciudad donde estaba la universidad, y así pudo completar la tesis doctoral con más calma, cerca de la biblioteca. Después de un año allí, obtuvo el "Ph.D." y así, en siete años, pasó de ser taxista y lechero a profesor universitario, con el título académico más alto que se puede obtener.

¿Costó mucho trabajo y sacrificios? Sí. Pero, para alguien que había llegado a los Estados Unidos con cinco dólares en los bolsillos, parece que valió la pena. ¿Qué cree Ud.?

## Preguntas Basadas en el Texto

1. ¿Qué problemas causan desencanto?
2. A pesar de los problemas, ¿cómo sigue el país?
3. ¿Qué testigos hay de las oportunidades?
4. Si hay deseos de trabajar, ¿qué se encuentra?
5. ¿Dónde se habla de la decadencia de los Estados Unidos?
6. ¿Qué buscan millares de inmigrantes?
7. ¿Ante qué tuvo que resignarse el cubano?
8. ¿Qué había hecho en Cuba?
9. ¿Qué tipos de trabajo hizo en los Estados Unidos?
10. ¿Qué alcanzó el cubano después de siete años? ¿Cómo lo alcanzó? ¿Valió la pena?

## Preguntas Libres

1. ¿Se debe decir que los Estados Unidos es un país de oportunidades? ¿Por qué?
2. ¿Contribuyen los inmigrantes al mejoramiento del país? ¿Por qué?
3. ¿Se debe limitar la entrada de inmigrantes? ¿Por qué?
4. ¿Cree Ud. que encuentran los inmigrantes lo que buscan? ¿Por qué?
5. ¿Se debe decir que los Estados Unidos es un país de inmigrantes? ¿Por qué?

## Temas para Composiciones

1. Cómo mejorarse
2. Problemas de los inmigrantes
3. Lo que buscan los inmigrantes
4. Lo que encuentran los inmigrantes
5. El impacto de los inmigrantes en la vida y cultura de los Estados Unidos
6. Limitaciones de entrada de inmigrantes
7. Oportunidades de entrada de inmigrantes
8. El valor del trabajo y de los sacrificios

# *Los sueños, ¿presagios deprimentes o creaciones beneficiosas?*

*L*os sueños son de mucho interés, porque todo el mundo sueña. Algunas personas consideran que los sueños son divertidos. Otros los consideran como presagios, y cosas por las cuales uno debe preocuparse. A veces los sueños son aterrorizantes. Muchos persisten en creer que los sueños tienen un significado especial en la vida, sea del pasado o del futuro.

Los sueños siempre han fascinado a los seres humanos, porque a veces revelan algo de la personalidad del individuo que ni él mismo conocía antes. Y además, son difíciles de comprender e interpretar. Los sueños no solamente son creaciones del individuo en su fantasía, sino también son creaciones en las cuales participa el soñador.

Aún más, los sueños tienen un efecto notable sobre el estado de ánimo del individuo. A veces el efecto es positivo. Por ejemplo, si el sueño trata de un éxito del soñador, entonces al despertarse, éste se encuentra en un estado de esperanza de tener éxito. Al contrario, a veces el efecto es negativo. Un sueño humillante le deja al soñador, al despertarse, en un estado deprimido. Una pesadilla aterrorizante le da a uno aprensión. Un sueño frustrante le hace a uno irritable. Sin duda, los sueños tienen un efecto en la vida, por lo cual nadie puede ignorarlos por completo, aunque trate de no hacerles caso.

Hay quienes dicen que es posible soñar con cualquier cosa que el individuo desee, porque opinan que los sueños son creaciones propias. De modo que el individuo necesita dirigir su concentración mental a la creación de sueños beneficiosos, y a la eliminación de sueños aterrorizantes y frustrantes. Esto se puede hacer por medio de un período de reflexión después de despertarse. Si el individuo ha sufrido un sueño atemorizante o una pesadilla, entonces su meditación tiene que ser dirigida hacia la eliminación

de tales cosas de su pensamiento y la sustitución con ideas felices y creativas. Según los que defienden tal criterio, si el individuo sigue fiel a este sistema cada vez que sufra un sueño malo, poco a poco se eliminará completamente este tipo de sueño y solamente tendrá sueños buenos. La idea principal de este sistema es de esforzarse por soñar con lo que se desea y, con el tiempo, resultará así. Al fin y al cabo, el esfuerzo cuesta poco, y se puede ganar mucha tranquilidad a la larga. Entonces, ¿por qué sufrir una pesadilla, cuando, con un poco de disciplina personal, se puede soñar con la utopía?

Además de los sueños de noche, también se sabe que hay quienes sueñan despiertos. Algunos insisten en los beneficios de este tipo de sueño. Se pueden usar para fantasear y, así, hacer más alegre lo que de otro modo puede ser una vida melancólica y triste. Los sueños sirven para planear un futuro mejor, para resolver problemas, para adaptarse a las circunstancias ya existentes, para calmarse, para eliminar la tristeza o melancolía de estar solo, y así para un sinfín de cosas. Algunos científicos, artistas y escritores han confesado que sus mejores creaciones y descubrimientos son el resultado de fantasear o soñar despierto. También hay los que admiten haber empleado la técnica para adquirir una personalidad más agradable. Y hay quienes declaran que la han usado simplemente para concebir la mejor manera de alcanzar sus deseos.

De lo expuesto anteriormente, se pueden deducir dos cosas: primera, que los sueños son, en realidad, el despertar de nuestra subconsciencia; segunda, que quien tenga disciplina de pensar y actuar en forma positiva, puede mejorar su propia subconsciencia.

En otras palabras, el pensar y actuar en forma positiva puede enriquecer la vida de un individuo y ayudarle a tener éxito. Aún más, también le puede ayudar a *soñar con los angelitos* todas las noches.

## Preguntas Basadas en el Texto

1. ¿Por qué son los sueños de mucho interés?
2. ¿Qué persisten en creer algunas personas?
3. ¿Por qué siempre han fascinado los sueños a los seres humanos?
4. ¿De quién son creaciones los sueños?
5. ¿Quién es uno de los participantes principales en los sueños?
6. ¿Por qué se puede decir que a veces los sueños tienen un efecto positivo?
7. ¿Por qué se puede decir que a veces los sueños tienen un efecto negativo?
8. ¿Por qué dicen algunos que es posible soñar con cualquier cosa que el individuo desee?

9. ¿Cuál es el sistema que proponen algunos para soñar con lo que se desea?
10. ¿Cuál es la idea principal del sistema?
11. ¿Qué tienen que ver los sueños con nuestra subconsciencia?
12. ¿Qué puede enriquecer la vida de uno y ayudarle a tener éxito?

## Preguntas Libres

1. ¿Tiene Ud. fascinación por los sueños?   ¿Por qué?
2. ¿Ha tenido Ud. sueños beneficiosos?
3. ¿Ha sufrido Ud. sueños deprimentes?
4. ¿Ha sufrido Ud. pesadillas?
5. ¿Qué piensa Ud. del sistema de crear sus propios sueños beneficiosos?
6. ¿Qué tienen que ver los sueños con nuestra subconsciencia?
7. ¿Puede un individuo controlar su propia subconsciencia?   ¿Por qué?

## Temas para Composiciones

1. El efecto de sueños deprimentes
2. El efecto de sueños animadores
3. El valor de un sistema de crear sueños beneficiosos
4. Mi experiencia personal con los sueños

# 12

# *Los intereses comerciales y los intereses del público*

*E*n tiempos pasados algunas compañías comerciales consideraban que su responsabilidad se limitaba a fabricar y a producir las cosas que el público deseaba. Esto lo hacían sin fijarse en las consecuencias a la larga para ellas mismas, para el público y para el ambiente del mundo en que tenemos que vivir.

Pero, más y más las compañías que tienen perspectiva astuta perciben que el bienestar de su negocio está íntimamente relacionado con el bienestar del público. Si los posibles clientes no viven bien, entonces no son clientes lucrativos para las compañías. Además, todos tenemos que vivir en el mismo mundo, y si lo echamos a perder, todos sufrimos. Se puede decir que todos estamos en el mismo barco.

Es evidente que no sólo el gobierno tiene que preocuparse por los problemas de la sociedad y de la naturaleza para proteger al público. Las compañías también tienen que preocuparse porque hay gran impacto en sus propios intereses. Hoy día, y quizás más aún en el futuro, las compañías, por su propio interés, tienen que preocuparse por lo que está pasando alrededor de ellas.

Con el progreso tecnológico, se dice que el mundo se hace cada vez más pequeño para sus habitantes. Lo que hacen unos tiene impacto en la vida de los demás, especialmente cuando se trata de compañías grandes e instalaciones industriales. Por causa de esta situación, a veces hay gran impacto en la sociedad y en el ambiente. De esta circunstancia ha evolucionado una sensibilidad creciente por parte de muchas compañías. Esta sensibilidad pertenece a los problemas del público y a los de la naturaleza. No es decir que muchas compañías no tenían sensibilidad antes, sino que ésta ha crecido y sigue creciendo. Muchas compañías consideran que es inevitable por causa de su propio interés. No pueden perdurar de una

manera provechosa sin responsabilizarse de las consecuencias.    Uno no debe concluir que lo que hacen es completamente voluntario.    Hay leyes promulgadas por el gobierno, y también hay insistencia vehemente de parte del público y de varios grupos y organizaciones que se conciernen con los intereses del público.

Sin embargo, muchas compañías han aceptado la idea de que hay que dirigir los talentos, las fuerzas, la tecnología y la energía hacia el mejoramiento de la sociedad y del ambiente en que tenemos que vivir.    Además, cuando las compañías actúan por su propia voluntad para resolver y evitar los problemas, esperan eliminar la intervención del gobierno en sus asuntos. Muchas empresas piensan que es mejor tomar la iniciativa antes de que el gobierno se interponga.    No les gusta la intervención burocrática del gobierno.

También las compañías se han dado cuenta de que la ciencia y la tecnología, por un lado nos han traído beneficios y, por el otro, problemas.    Hay por lo tanto, dos facetas del progreso tecnológico.

Ahora, hay que aplicar la ciencia y la tecnología para resolver los problemas, algunos de los cuales ellas mismas engendraron.    Para alcanzarlo, es también necesario hacer investigaciones en las ciencias sociales y físicas.    Es importante tener presente que las compañías tienen sus propios intereses en todo esto.    Esperan vender muchos productos relacionados con mejoramientos sociales.    La rehabilitación de barrios y de ciudades crea un enorme mercado para sus productos.    Igualmente, la construcción de carreteras, de edificios y de instalaciones industriales crea un crecimiento más en el mercado.    La eliminación de la contaminación del agua y del aire también produce demandas para nuevas invenciones y productos.

Es manifiesto que el estímulo que se deriva del esfuerzo para mejoramiento lleva intrínsecamente un aumento aún mayor que el mejoramiento inicial.    Se puede decir que la combinación de ciertos factores crea un ciclo saludable.

## Preguntas Basadas en el Texto

1. En tiempos pasados, ¿cómo veían algunas compañías su responsabilidad?
2. ¿En qué no se fijaban las compañías?
3. ¿Qué han comprendido algunas compañías?
4. Si los posibles clientes no viven bien, ¿cuál es el resultado?
5. ¿Qué tenemos todos en común?
6. ¿Por qué tiene que preocuparse el gobierno?
7. ¿Por qué tienen que preocuparse las compañías?
8. ¿Qué piensan las compañías de la intervención del gobierno?

9. ¿Cuáles son las dos facetas del impacto de la tecnología?
10. ¿Qué se puede crear por la combinación de ciertos factores?

## Preguntas Libres

1. En su opinión ¿cuál debe ser la responsabilidad de las compañías?
2. En su opinión, ¿cuál debe ser la responsabilidad del gobierno?
3. En su opinión, ¿cuál debe ser la responsabilidad del público?
4. ¿Qué piensa Ud. del progreso tecnológico?
5. ¿Cuál es su opinión de un ciclo saludable?
6. ¿Estamos todos en el mismo barco?   ¿Por qué?

## Temas para Composiciones

1. Ventajas y desventajas para el público de los resultados de la ciencia y de la tecnología
2. Lo que debe hacer el gobierno para proteger los intereses del público
3. Lo que deben hacer las compañías comerciales para proteger los intereses del público
4. La relación entre los mejoramientos sociales y las ganancias de las compañías comerciales
5. La mejor manera de servir el interés público

# ¿Tienen valor beneficioso las supersticiones?

La mayoría de las personas no admiten que son supersticiosas; pero, por alguna razón u otra, muchas hacen cosas que en verdad indican que sí lo son. Parece que los grupos más supersticiosos son los atletas, actores, cómicos, vaqueros que participan en fiestas de rodeo, y otros que tienen actividades relacionadas con el entretenimiento del público.

Pero no son éstos solamente los que llevan una pata izquierda trasera de conejo como amuleto, o buscan un trébol de cuatro hojas, además de hacer otras cosas supersticiosas. Por ejemplo, ¿quién no ha cruzado los dedos en una situación de aprieto; tocado madera; tirado sal por el hombro; o evitado andar por debajo de una escalera?

Algunos beisbolistas golpean el plato tres veces con el bate cada vez que van a batear. Algunos nunca pisan la línea que marca el cuadro cuando entran o salen del campo interior de juego. Otros siempre la pisan. Algunos nunca usan el número trece, pero hay otros, aunque pocos, que lo prefieren. Y hay un sinfín de más cosas supersticiosas que los atletas de todos los deportes hacen para mejorar su suerte.

Algunos vaqueros nunca ponen un sombrero en una cama. Otros nunca comen cacahuates antes de montarse en un toro en fiestas de rodeo.

Entre las celebridades que entretienen al público, también se encuentra un gran número de supersticiones. La más común es llevar algo especial en su persona: una pulsera de amuleto, un medallón, un anillo predilecto, etc. Algunos siempre salen al tablado del lado izquierdo y otros del lado derecho. Hay tantas supersticiones como participantes o, tal vez, aún más.

¿Por qué hacen esto y de qué sirve? Cada persona tiene su propia razón; pero, en general, parece que se hacen muchas cosas supersticiosas como apoyo en situaciones de duda, inseguridad y ansiedad, con el deseo de conseguir ayuda suplementaria. Algunos dicen que estos actos supersticiosos

engendran una dependencia dañosa y una actitud negativa. Al contrario, otras personas mantienen que estos actos supersticiosos engendran una actitud positiva de confianza y, así, la persona puede actuar de una manera más efectiva.

Como quiera que sea, las muchas herraduras que se ven clavadas en casas y puertas seguramente son buen testimonio de que la superstición ofrece consuelo y esperanzas de buena suerte para muchas personas. Se dice que el origen de la superstición se encuentra en los esfuerzos de los hombres primitivos para evitar el mal e invitar a la fortuna. Parece que estas ideas antiguas han perdurado hasta la fecha. Representan algo de importancia en las costumbres psicológicas de la gente de hoy.

## Preguntas Basadas en el Texto

1. ¿Cuáles son los grupos más supersticiosos?
2. ¿Se limita la superstición a ciertos grupos? ¿Por qué?
3. ¿Qué hacen algunos beisbolistas cada vez que van a batear?
4. ¿Qué número evitan algunos atletas?
5. ¿Cuáles son algunos de los amuletos?
6. ¿En qué situaciones se hacen muchas cosas supersticiosas? ¿Por qué?
7. ¿Cuáles son las ideas opuestas acerca del valor de la superstición?
8. ¿Qué atestiguan las herraduras que se ven clavadas en muchas casas y puertas?
9. ¿Cuál es el origen de la superstición?
10. ¿Cuál es su importancia hoy?

## Preguntas Libres

1. ¿Qué piensa Ud. del valor de las supersticiones?
2. ¿Tiene Ud. supersticiones? Si las tiene, ¿cuáles son?
3. ¿Conoce Ud. a personas que tienen supersticiones? Si las conoce, ¿qué supersticiones tienen?
4. ¿Pueden causar daño las supersticiones? ¿Por qué?
5. ¿Por qué cree Ud. que hay tantas supersticiones?

## Temas para Composiciones

1. Aspectos positivos de las supersticiones
2. Aspectos negativos de las supersticiones
3. Mi opinión general de las supersticiones
4. Mis supersticiones predilectas

# 14

# *Recuerdos de un taxista*

Cientos de millares de cubanos vinieron a los Estados Unidos a causa de la situación creada en Cuba por la revolución comunista de Castro. Uno de ellos estuvo conduciendo un taxi durante diez meses en la ciudad de Miami, Florida. La necesidad a veces impone su fuerza, y hay que ganarse la vida como uno pueda.

Este tipo de empleo era algo completamente nuevo para el cubano. Se le ocurrió escoger el turno de noche para no sufrir tanto con el calor del día. Después de haber estudiado cuidadosamente el mapa de la ciudad, tuvo que pasar un examen en la estación de policía antes de comenzar su nuevo trabajo de taxista. Entre otras cosas, había que saber cómo ir más directamente de un punto de la ciudad a otro, ya que si se dan rodeos, los clientes tienen que pagar más dinero y quedan disgustados.

El nuevo taxista no se esperaba algunas de las cosas que le sucederían en el desarrollo de su trabajo. Entre las cinco y las seis de la tarde, sobre todo los viernes, muchas viejitas pedían un taxi para llevar los víveres desde el almacén hasta su casa o apartamento. Casi siempre era un viaje muy breve, no más de tres o cuatro cuadras. Solamente costaba cuarenta o cincuenta centavos según el medidor de tarifa del taxi. Después de ayudar a la clienta con sus numerosos cartuchos, subiendo y bajando escaleras, el taxista a veces no recibía más que diez o quince centavos de propina. No en balde la mayoría de los taxistas trataban de estar muy lejos de los supermercados entre las cinco y las seis de la tarde los viernes.

Al anochecer, la clientela de los numerosos bares y restaurantes comenzaba a moverse por la ciudad. Algunos tenían un bar favorito, a veces muy pequeño e insignificante y difícil de encontrar. Al subir al taxi, decían el nombre del bar y se ofendían si el taxista tenía que preguntarles la dirección. Poco a poco el nuevo taxista tenía que aprender y poder recordar

dónde quedaban sitios como "Smiley's," "Tee Pee," y "Vick's," para que sus pasajeros tuvieran confianza y estuvieran contentos.

Una tarde, cuando comenzaba a llover, un hombre que, por lo visto, había estado empinando la botella desde muy temprano, se montó en el taxi del cubano. Estaba tan borracho que no sabía ni dar la dirección de su propia casa. El taxista trató de interpretar lo mejor posible la jerigonza alcohólica del pasajero y puso el auto en marcha en cierta dirección. A las dos o tres cuadras, el cliente comenzó a decir excitadamente que no era por ahí donde quería ir, sino que había que ir en dirección contraria. Cuando el taxista se disponía a darle vuelta a la cuadra, el borracho estaba furioso, pues quería que el taxista diera una vuelta en U, cosa prohibida por la ley. Cuando al fin iba el taxi en la dirección que parecía querer el cliente, éste preguntó que cuánto marcaba el medidor de tarifa. Al oír que estaba en ochenta centavos, él dijo que no tenía más que esa cantidad en el bolsillo. Como resultado, pagó los ochenta centavos sin dar propina, y se apeó exactamente en la misma esquina donde había tomado el taxi unos minutos antes.

Otra vez, como a las tres de la mañana, le dijeron al cubano por el intercomunicador que fuera hasta una casa en las afueras de la ciudad. Cuando llegó supo que la clienta era una señora que estaba a punto de dar a luz. Los quince minutos, más o menos, que transcurrieron hasta llegar al hospital Jackson, le parecieron horas al taxista. Aunque la noche era fresca, él sentía gotas de sudor deslizándose de la cara al cuello. Gracias a Dios, llegaron a tiempo al hospital, pero, en la prisa, la señora había olvidado traer dinero en efectivo....

Estas son varias anécdotas del taxista. Hubo muchas más. ¿Podría Ud. imaginarse algunas?

## Preguntas Basadas en el Texto

1. ¿Por qué vino el cubano a los Estados Unidos?
2. ¿Qué trabajo consiguió?
3. ¿Por qué escogió el turno de noche?
4. ¿Por qué tuvo que ir a la estación de policía?
5. ¿Qué problemas tenía con las viejitas?
6. ¿Qué problemas tenía con la clientela de los bares?
7. ¿Qué problemas tenía con el borracho?
8. ¿Dónde se apeó el borracho?
9. ¿Qué clase de clienta tuvo que recoger a las tres de la mañana?
10. ¿Cómo terminó la anécdota de esa clienta?

## Preguntas Libres

1.  ¿Le gustaría a Ud. ser taxista?   ¿Por qué?
2.  ¿Deben recibir propinas los taxistas?
3.  Si fuera Ud. taxista, ¿querría llevar a viejitas con cartuchos?   ¿Por qué?
4.  Si fuera Ud. taxista, ¿querría llevar a borrachos?   ¿Por qué?
5.  Si fuera Ud. taxista, ¿querría llevar a una señora a punto de dar a luz?
    ¿Por qué?
6.  ¿Hay demasiados taxis?   ¿Por qué?
7.  ¿Le gusta a Ud. viajar en taxi?   ¿Por qué?
8.  ¿Prefiere Ud. viajar en taxi o en un auto privado?   ¿Por qué?

## Temas para Composiciones

1.  Por qué quisiera Ud. ser taxista
2.  Por qué no quisiera Ud. ser taxista
3.  Ventajas de usar un taxi en lugar de su propio automóvil
4.  Ventajas de usar su propio automóvil en lugar de un taxi

# La explosión demográfica

Según los datos estadísticos, en 1945 la población del mundo había llegado a una cifra total de más de dos billones. Además, iba aumentándose en veinte y cinco millones al año. Ahora, va aumentándose en un número de setenta y cinco millones al año, y la población total del mundo ha llegado a cerca de cuatro billones.

Por muchos años, la raza humana ha luchado en contra de enfermedades y hambre para sobrevivir. Gracias a la tecnología, especialmente para mejorar la salud y eliminar o disminuir enfermedades, el número de seres humanos va aumentándose tan rápidamente, que amenaza con agotar los comestibles y bienes naturales del mundo. La población va acrecentándose, y para el año 2000 habrá más de seis billones de habitantes en el mundo. Actualmente más de la mitad de la gente vive en pobreza y con hambre. Al llegar el fin del siglo, con más billones de seres humanos, seguramente el mundo se encontrará en una situación de pobreza y hambre aún más severa.

Parece que el problema de multiplicación y aumento de la población se refleja más en los países que menos pueden confrontarlo de una manera satisfactoria. En Asia, en África y en Latinoamérica, con cerca de tres billones de personas, y con un aumento anual de dos y medio por ciento, es donde hay más necesidad de resolver el problema. En los países que se consideran subdesarrollados, hay que buscar y encontrar una manera de controlar la cantidad de población, de acuerdo con los recursos disponibles para mantenerla sin tanta pobreza, hambre y muerte. Hay varias cosas muy personales que se necesitan considerar: el derecho de un matrimonio de determinar el número total de su familia y, si lo desea, el derecho de recibir información acerca de cómo limitar su familia de acuerdo con sus valores religiosos y sociales.

Mientras tanto, en muchos lugares del mundo, un gran número de personas mueren de hambre diariamente.   Hay quienes piensan que es imposible salvar a todos los hambrientos.   Los que así opinan, tienen la idea de que es menester proporcionar los recursos disponibles a los que se pueden salvar, y dejar que mueran los demás.   Sin embargo, hay muchos contrincantes que se oponen a un método tan carente de compasión.   Para éstos, la muerte de un hambriento es una tragedia moralmente inaceptable.   Además, indican que se deben emplear la tecnología y los recursos para resolver el problema en todo o en parte.   Si no se resuelve, todo el mundo corre el riesgo de una seria degradación moral.

Si se racionaliza el dejar que muchos mueran en Asia, en África o en Latinoamérica, más adelante se puede racionalizar el dejar que muchos mueran en varias partes de los Estados Unidos también.   El no hacer caso a los hambrientos del mundo puede degradar la moralidad hasta que ya no tenga mucho sentido para nadie.   Eso no se debe permitir.   Nadie tiene el derecho de decidir que una vida tiene menos importancia que otra.   Si se trata de salvar una vida y no se puede hacer por alguna razón, por lo menos se ha tratado de hacerlo.   Pero si ni siquiera se hace el esfuerzo, es otra cosa muy distinta, totalmente carente de compasión.

Así es que hay un grupo que quiere resolver el problema de una manera científica sin hacer mucho caso a la moralidad.   Pero hay otro grupo que quiere atacar el problema de una manera más misericordiosa.   Y mientras sigue multiplicándose la gente, más precaria se pone la situación.   Por eso, algunos dicen que no se puede resolver nunca el problema de los hambrientos y la pobreza, sin poner freno a la explosión demográfica en primer lugar.   Aun eso es complicado, porque puede ir en contra de los derechos personales del individuo.

Otra cosa es que en varios países donde hay muchos hambrientos, ya tienen los secretos nucleares; y si no consiguen lo que necesitan de los recursos del mundo para vivir, es posible que empleen las fuerzas nucleares. Es evidente que el problema demográfico amenaza a todo el mundo.

## Preguntas Basadas en el Texto

1.  ¿Cuánto se ha aumentado la población del mundo desde 1945 hasta la fecha?
2.  ¿Qué cosas tecnológicas han contribuido al aumento de la población?
3.  ¿Qué amenaza hay en el aumento de la población?
4.  Según el paso a que la población va multiplicándose, ¿cuántos habitantes habrá en el mundo para el año 2000?
5.  Actualmente, ¿cómo vive más de la mitad de la gente del mundo?

6. Según el paso a que vamos, ¿cómo vivirá una gran parte de la población del mundo en el año 2000?
7. ¿Dónde se refleja más el aumento de la población?
8. ¿Qué se debe hacer, especialmente en los países subdesarrollados, para mejorar la situación?
9. ¿Cuáles son algunas cosas muy personales que se deben considerar?
10. ¿Qué idea tienen algunos que piensan que es imposible salvar a todos los hambrientos?
11. ¿Qué idea tienen los que quieren una solución que refleje compasión?
12. ¿Qué riesgo hay para la moralidad si no hay esfuerzos para resolver el problema de una manera misericordiosa?
13. ¿Cuáles son los dos grupos contrincantes?
14. ¿Qué dicen algunos acerca de lo que se necesita hacer en primer lugar para resolver el problema?
15. ¿Por qué se puede decir que el problema demográfico amenaza a todo el mundo?

## Preguntas Libres

1. ¿Qué piensa Ud. del plan de algunos científicos para dejar morir a los que no les alcancen los recursos disponibles?
2. ¿Qué piensa Ud. del plan de los que se oponen a este método?
3. ¿Qué se debe hacer para resolver el problema?   ¿Por qué?
4. ¿Le amenaza a Ud. la explosión demográfica?   ¿Por qué?
5. ¿Amenaza a nuestro país la explosión demográfica?   ¿Por qué?

## Temas para Composiciones

1. Ventajas del plan de los científicos
2. Desventajas del plan de los científicos
3. Ventajas del plan de los contrincantes de los científicos
4. Desventajas del plan de los contrincantes de los científicos
5. Impacto de la fuerza nuclear en el problema demográfico
6. Mi plan para resolver el problema demográfico

# El regateo de pleitos judiciales, ¿un bien o un mal?

Según los datos estadísticos, solamente alrededor del diez por ciento de todas las condenas de criminales en los Estados Unidos se efectúan por medio de tribunales de jurados. Las demás condenas se efectúan por medio de peticiones en que el acusado confiesa su culpabilidad. Y en la mayoría de los casos en que hay confesión, también hay un acuerdo de arreglo entre la corte y el acusado. Estas avenencias son el resultado de regateos entre el representante de la corte o el gobierno, sea juez o fiscal, y el representante del acusado, el abogado de defensa.

Las avenencias son muy convenientes, porque ofrecen algo a todos los participantes. Al juez de la corte le dan una oportunidad de resolver fácilmente uno de los muchos pleitos del registro de sumarios de procedimiento. Además, a veces, el juez ofrece protección al acusado si éste atestigua, bajo juramento, con datos importantes acerca del pleito, con frecuencia en contra de otro acusado. Al fiscal le ofrecen una condena segura de su procesamiento, sin necesidad de probar la acusación. Al abogado de defensa le ofrecen una oportunidad de mejorar su renombre profesional como hombre de éxito. Al acusado le ofrecen una oportunidad de cooperar con la corte y, tal vez, sufrir menos castigo en comparación con la sentencia de un tribunal de jurados. Por lo menos, el acusado sabe por seguro lo que le va a pasar.

Sin embargo, hay quienes se oponen al regateo de pleitos judiciales. La policía mantiene que así muchos criminales incorregibles vuelven a perpetrar sus delitos contra la sociedad, sin miedo de castigo. También insinúa que infunde cierta falta de respeto para con la policía. Además, proclama que fomenta la repetición de crímenes.

Por otro lado, los que favorecen el regateo señalan que siempre se ofrece indulgencia al acusado, y así es que le resulta mejor que ser sometido a juicio de un tribunal de jurados.   Indican que las sentencias de los tribunales de jurados siempre son mucho más severas que las avenencias.

Hay otro grupo, esencialmente defensores de los derechos individuales, que dice que muchos acusados se declaran culpables por miedo de la posible sentencia de un tribunal de jurados.   Estos defensores indican que el proceso de regateo causa que muchos acusados truequen sus derechos constitucionales de ser juzgados por un tribunal de jurados, para aceptar la avenencia.

A pesar de eso, los argumentos a favor del regateo son formidables: las cortes ya tienen demasiados pleitos en el registro de sumarios de procedimiento y el regateo facilita la resolución de muchos de los pleitos. Cuando un acusado se somete al juicio de un tribunal de jurados, la sentencia es casi siempre más severa, y los gastos para todos los participantes llegan a ser muy costosos.   La corte puede premiar a un acusado por su cooperación en el procesamiento contra otros acusados.   Pero esto no satisface a muchos que mantienen que el regateo debilita subrepticiamente los procedimientos judiciales.

Mientras tanto, el regateo de pleitos sigue siendo una faceta significante del procesamiento judicial, con sus defensores y sus contrincantes.

## Preguntas Basadas en el Texto

1. Según los datos estadísticos, ¿cómo se efectúan la mayoría de las condenas criminales en los Estados Unidos?
2. ¿Cómo se efectúan las demás condenas?
3. ¿Por qué son convenientes las avenencias para el juez de la corte?
4. ¿Por qué son convenientes las avenencias para el fiscal?
5. ¿Por qué son convenientes las avenencias para el abogado de defensa?
6. ¿Por qué son convenientes las avenencias para el acusado?
7. ¿Por qué se opone la policía al regateo de pleitos?
8. ¿Por qué se oponen los defensores de los derechos individuales al regateo de pleitos?
9. ¿Cuáles son algunos argumentos a favor del regateo de pleitos?
10. ¿Por qué no están satisfechos muchos con el regateo de pleitos?

## Preguntas Libres

1. ¿Cuál es su opinión sobre el regateo de pleitos?
2. ¿Cuál es su opinión acerca de las sentencias de los tribunales de jurados?
3. ¿Es un testigo confiable el criminal que recibe el beneficio del regateo de pleitos?   ¿Por qué?
4. ¿Puede haber abusos con el regateo de pleitos?   ¿Por qué?
5. ¿Puede haber beneficios con el regateo de pleitos?   ¿Por qué?

## Temas para Composiciones

1. Las ventajas del regateo de pleitos
2. Las desventajas del regateo de pleitos
3. Las ventajas de ser sometido a juicio de un tribunal de jurados
4. Las desventajas de ser sometido a juicio de un tribunal de jurados

# El ambiente y la economía

La idea de que la protección del ambiente cuesta demasiado, no se puede justificar, según dicen algunos ambientalistas. Si nuestro gobierno se dedicara totalmente a limpiar y a proteger nuestro ambiente, uno de los resultados sería una gran cantidad de empleos nuevos en la economía. Ya se ve en los esfuerzos limitados que se han hecho, que hay más empleos directamente atribuibles a estos esfuerzos. También se sabe que hay otros empleos nuevos, indirectamente relacionados. Sin esta inversión para controlar la contaminación del ambiente, se puede perder más en gastos relacionados con salud individual, disminución de trabajo y producción, deterioración de vegetación, agua, edificios, etc. Con la inversión, aparte del mejoramiento de salud individual, prosperidad de la economía, empleos nuevos, etc., la protección de nuestro ambiente añade belleza y gracia a nuestra vida. Los ambientalistas mantienen que es una ganga.

Sin embargo, hay quienes declaran que no debemos proteger demasiado nuestro ambiente y en el proceso arruinar nuestra economía. Algunos son industriales que han recibido órdenes de instalar aparatos en sus fábricas para eliminar la contaminación del aire y del agua. Según ellos, la instalación de estos aparatos es muy costosa y contribuye al alza de precios y, a la vez, a la inflación de la economía.

Hay otras personas que opinan que es necesario encontrar un término medio entre la preocupación con el ambiente y la preocupación con la economía. Algunas de estas personas quieren eliminar la intervención del gobierno nacional en cuestiones de control de la contaminación. Según su concepto, cada comunidad debe establecer e imponer su propio criterio para controlar la contaminación. Otras personas solamente quieren hacer menos restringido el criterio.

65

En tiempos de dificultades con la economía, hay presión para eliminar, suspender, o hacer menos restrictivo el control.   No hay duda de que el conflicto entre los ambientalistas y los industriales ha causado la intervención del gobierno nacional en este asunto.   A veces la intervención ha sido apresurada, resultando en criterio muy restrictivo y, en algunos casos, sin equidad.   A pesar de eso, parece que sería un gran error volver a la situación existente antes de la intervención, porque se ha alcanzado mucho para hacer del mundo un mejor lugar donde vivir. Se han descubierto los abusos de la contaminación y la explotación de nuestros recursos.

Seguramente, se puede encontrar un término medio entre los ambientalistas y los industriales.   Pero esto requiere la intervención de un árbitro, y parece que la intervención tendrá que ser el papel del gobierno nacional.

## Preguntas Basadas en el Texto

1.  Si el gobierno se dedicara totalmente a limpiar y a proteger el ambiente, ¿cuál sería el resultado con respecto a empleos nuevos?
2.  Sin una inversión para controlar la contaminación, ¿qué se puede perder?
3.  Con una inversión para controlar la contaminación, ¿qué se puede alcanzar?
4.  ¿Por qué se oponen algunos industriales al control de la contaminación?
5.  ¿Qué desean algunos de los que quieren eliminar la intervención del gobierno nacional?
6.  ¿Qué ocurre en tiempos de dificultades con la economía?
7.  ¿Qué ha causado la intervención del gobierno nacional?
8.  ¿Por qué se puede decir que sería un gran error volver a la situación existente antes de la intervención?
9.  ¿Qué se ha descubierto?
10.  Para encontrar un término medio entre los ambientalistas y los industriales, ¿qué se requiere?

## Preguntas Libres

1.  ¿Es demasiado costosa la protección del ambiente?  ¿Por qué?
2.  ¿Se arruinará la economía si se elimina la contaminación?  ¿Por qué?
3.  ¿Se necesita un esfuerzo total para proteger el ambiente?  ¿Por qué?
4.  ¿Se debe encontrar un término medio?  ¿Por qué?
5.  ¿Se debe hacer menos restringido el criterio?  ¿Por qué?

## Temas para Composiciones

1. Ventajas del criterio restrictivo para proteger el ambiente
2. Desventajas del criterio restrictivo para proteger el ambiente
3. Un término medio para proteger el ambiente

# ¿*Se puede eliminar la tensión sin píldoras?*

*T*odo el mundo, a veces, se encuentra en estado de tensión. Los resultados son variados: jaqueca, acidez del estómago, dolor de espalda, nerviosidad excesiva, angustia, diarrea, insomnio, etc. Algunos dicen que una gran parte de la tensión resulta de la falta de adaptabilidad del individuo con respecto al mundo trastornado en que vivimos. El individuo crea su propia tensión. La tensión se encuentra en personas de ambos sexos, de todas las edades y de todos los niveles de la estructura social. Así es que se puede decir que la tensión es un problema de todo el mundo.

Para muchas personas, la solución solamente consiste en tomar una o más píldoras tranquilizantes. Pero ésta es una solución exterior y efímera. El mejor remedio es atacar el problema donde el individuo puede controlarlo. Pero nadie puede controlar el paso apresurado del mundo en que vive, ni las acciones de otras personas. Sin embargo, según algunos médicos, cualquiera puede actuar efectivamente para eliminar o reducir su propia tensión, sin el recurso de tomar píldoras. Así como el individuo crea su propia tensión, también puede y debe crear su propia solución. Inmediatamente surge la pregunta: ¿pero, cómo? Hay varias sugerencias entre las cuales hay una que parece estar al alcance de cualquier persona: es simplemente hablar. Preferiblemente, hablar acerca de algo alegre y nada mórbido. El hablar para muchas personas es el mejor tónico. A veces, al hablar, se le quita a la persona lo que le molesta y lo que le está causando la tensión.

Otra solución que se recomienda es el ejercicio físico. Según esta teoría, cuando se mejora la salud física, al mismo tiempo se mejora la salud emocional. No todo el mundo puede hacer el trote corto, pero hay que buscar lo que el individuo sí puede hacer físicamente y hacerlo

con dedicación. A veces el ejercicio se puede relacionar con un pasatiempo, como los de jardinero o de deportista. Los pasatiempos favoritos también ayudan, aunque no haya ejercicio físico, porque le hacen olvidar al individuo la causa de su tensión.

Básicamente, el problema principal consiste en adaptarse lo mejor posible a las circunstancias en que uno se encuentra. Así es que la mejor solución para una persona, no es necesariamente la mejor para otra. Pero lo que sí debe hacer el individuo es buscar una solución que no sea de tragar píldoras. Las sugerencias previamente mencionadas han tenido buenos resultados para muchas personas. ¿No sería bueno considerarlas cuando uno sufre síntomas de la tensión?

## Preguntas Basadas en el Texto

1. ¿En qué estado se encuentra todo el mundo a veces?
2. ¿Cuáles son algunos resultados de la tensión?
3. Según algunos, ¿de qué resulta una gran parte de la tensión?
4. ¿En qué personas se encuentra la tensión?
5. ¿Cómo es la solución de tomar píldoras?
6. Para la mejor solución, ¿qué se debe atacar?
7. ¿Cómo es el mundo en que vivimos? ¿Qué efecto tiene con respecto a la tensión?
8. ¿Por qué se puede decir que el individuo puede crear su propia solución?
9. ¿Por qué les ayuda a algunas personas la solución de hablar?
10. ¿Por qué les ayuda a algunas personas la solución del ejercicio físico?
11. ¿Por qué les ayuda a algunas personas la solución de los pasatiempos?
12. Básicamente, ¿cuál es el problema principal de la tensión?

## Preguntas Libres

1. ¿Ha sufrido Ud. la tensión? Si la ha sufrido, ¿qué hizo Ud. para eliminarla?
2. ¿Qué piensa Ud. de la solución de tomar píldoras?
3. ¿Qué piensa Ud. de la solución del ejercicio físico?
4. ¿Qué piensa Ud. de la solución de los pasatiempos?
5. ¿Qué solución prefiere Ud.? ¿Por qué?

## Temas para Composiciones

1. Causas de la tensión
2. Consecuencias de tomar píldoras para eliminar la tensión
3. La mejor solución para eliminar la tensión
4. Experiencias personales con la tensión

# *La huelga y el derecho de trabajar*

*E*l valor de la huelga se ha discutido desde hace muchos años. Algunos que se oponen a la huelga dicen que los miembros de los sindicatos pierden más dinero que el que pueden ganar como resultado de la huelga. Otros dicen que los obreros no solamente se declaran en huelga para alcanzar mejor sueldo, sino también para obtener otros beneficios: mejores condiciones de trabajo, servicios médicos, retiros y seguros.

Como se ve, hay dos lados del asunto. Sin embargo, ha sucedido más de una vez, que una huelga muy extensa hace mucho daño por todos lados. El impacto económico se refleja en la sociedad entera. Las empresas comerciales contra las cuales está dirigida una huelga, pierden negocio y no pueden producir lo que los consumidores desean y, a veces, necesitan con urgencia. Si la huelga está dirigida contra algún servicio público, entonces todo el mundo sufre por falta de servicio. Si está dirigida contra una empresa agrícola, entonces puede ser que le falte al público algo de comer. Se puede decir que hasta los obreros son víctimas de su propia huelga. Si participan y no trabajan como resultado, no ganan dinero. De esta manera, no pueden pagar lo que deben por casas, automóviles y otras cosas hipotecadas o compradas a plazos. Además, a veces les falta el dinero con que comprar lo mínimo para sobrevivir.

A pesar del sufrimiento de los obreros, la mayoría de ellos persisten en mantener su derecho de declararse en huelga. Saben muy bien que sin esa fuerza y sin esa amenaza, están desesperadamente bajo el poder de las gerencias. Las gerencias tienen que respetar esa fuerza, porque cuando los obreros se declaran en huelga, no hay producción. Al mismo tiempo, los obreros saben que su bienestar va unido con el de las empresas en que están empleados. Así es que resulta mejor para todos si los sindicatos y

las gerencias pueden llegar a un acuerdo, antes de que se declare una huelga. Pero no es siempre posible. Muchas veces hay obstinación de un grupo o del otro, y a veces de ambos.

Pero poco a poco, los dos están aprendiendo que es mejor evitar la huelga. Eso exige que haya respeto recíproco. Ni el uno ni el otro puede ganar todo lo que quiere. Ya comprenden que un término medio resulta mejor que el impacto de una huelga. De acuerdo con ese creciente concepto, se ve más y más que se firman nuevos contratos antes de que se terminen los contratos existentes. Eso demuestra que ambos comprenden la ventaja de evitar la huelga. Ningún grupo desea una huelga extensa con los desastrosos resultados económicos para todos. Sin embargo, la fuerza y la amenaza de la huelga existe y tiene que seguir existiendo para mantener el equilibrio entre los dos intereses.

Otro punto de vista es que por todo el país existe mucha coerción contra los obreros para hacerles incorporarse a los sindicatos y pagar las cuotas obligatorias. Si no lo hacen, corren el riesgo de perder su empleo.

¿Es justa esta coerción? ¿Existe en verdad un derecho libre de trabajar? Algunos creen que no. Ellos indican que muchos de los contratos firmados entre gerentes y jefes de sindicatos prohiben el empleo de obreros que no son miembros de los sindicatos.

Siendo la situación así, ¿qué esperanzas tiene un obrero individual para conseguir trabajo, libre de coerción y control? Parece que pocas. Además, hay varios resultados desfavorables. Muchas veces hay falta total de empleo. Otras veces hay empleo con condiciones poco deseables para el obrero individual. A menudo se gastan las cuotas en apoyar a varios políticos que tal vez el obrero individual prefiere no apoyar. Si una compañía emplea a obreros que no son miembros del sindicato, se ve con frecuencia que hay violencia de varias categorías.

¿Qué esperanzas tiene un obrero individual contra un monopolio tan potente? Verdaderamente, ¿qué puede hacer? El obrero solo no puede mantener el derecho de trabajar donde prefiere o mejor le conviene. Algunos estados han promulgado leyes que protegen tal derecho. Sin embargo, la mayoría de los estados no lo han hecho.

Los sindicatos protestan que las leyes promulgadas van en contra del movimiento de los obreros y, de esa manera, en contra del obrero mismo. Al contrario, los partidarios de las leyes mantienen que es bastante evidente que hay una gran necesidad de proteger el derecho individual y controlar los abusos del poder por parte de los jefes de los sindicatos.

La mayoría de los estados de la nación no han promulgado leyes que aseguren este derecho de trabajar sin coerción y control. Por eso, algunos dicen que es menester que se promulguen leyes nacionales para la protección necesaria. Sin embargo, hasta la fecha, los dirigentes de los grandes sindicatos siguen ejerciendo su enorme poder.

Ahora, en verdad, hay tres intereses en lucha: las gerencias, los sindicatos y el obrero como individuo.   ¿Cómo se puede resolver la lucha de estos tres intereses de una manera satisfactoria para todos?

## Preguntas Basadas en el Texto

1.   ¿Qué dicen los que se oponen a la huelga?
2.   ¿Qué dicen los que están a favor de la huelga?
3.   ¿Cuál es el impacto de una huelga extensa?
4.   ¿Cuál es la importancia de la amenaza de la huelga?
5.   ¿Qué concepto nuevo se ve más y más?   ¿Por qué?
6.   ¿Qué coerción se encuentra contra los obreros?
7.   ¿Qué prohiben algunos contratos?
8.   ¿Qué resultados desfavorables ocurren a veces?
9.   ¿Por qué protestan los sindicatos?
10.   ¿Qué mantienen los partidarios del obrero individual?

## Preguntas Libres

1.   ¿Qué piensa Ud. de los derechos de las empresas con respecto a la huelga?
2.   ¿Qué piensa Ud. de los derechos de los sindicatos con respecto a la huelga?
3.   ¿Qué piensa Ud. de los derechos de los obreros individuales?
4.   ¿Qué piensa Ud. del poder de las empresas?
5.   ¿Qué piensa Ud. del poder de los sindicatos?
6.   ¿Qué piensa Ud. del poder del obrero como individuo?

## Temas para Composiciones

1.   Ventajas de la huelga para los obreros
2.   Desventajas de la huelga para los obreros
3.   La mejor manera de resolver problemas entre las gerencias y los sindicatos
4.   El impacto de una huelga extensa
5.   El derecho de trabajar que debe tener un obrero individual
6.   El derecho que debe tener una compañía para emplear obreros
7.   El poder de los sindicatos
8.   La responsabilidad del gobierno con respecto a los derechos de trabajar

# Cómo interpretar las noticias

Se dice que la libertad que tienen los locutores de radio y televisión trae resultados a veces buenos y a veces malos. A pesar de eso, muchos dicen que sin la libertad el resultado final tiene que ser malo. Según ellos, con la libertad el resultado de vez en cuando puede ser malo, pero por lo menos siempre queda la posibilidad de que se mejore. Añaden que lo más importante es que el público esté bien informado de lo bueno y de lo malo. Concluyen que el público no puede estar bien informado si los locutores no tienen libertad.

Es bastante evidente que la radio y la televisión causan gran impacto en el público como medios de comunicación. Siendo la situación así, ¿no es de suma importancia saber interpretar las noticias que recibimos?

Algunos han acusado a los locutores de radio y televisión de haber abusado de su libertad, de haber sido injustos y de haber presentado las noticias de una manera sesgada. Al contrario, otros los han defendido. Estos mantienen que los locutores deben tener independencia para dar las noticias completamente libres de control o de intervención.

¿Debemos preocuparnos si hay algo sesgado en las presentaciones? Parece que sí, porque el sistema lleva su propio sesgo intrínseco. No debemos temerlo, pero sí tenerlo presente cuando escuchamos las noticias. Lo que tratan de hacer algunos de los locutores es darnos lo que ellos juzgan ser lo más interesante y lo más importante para nosotros. Así es que inmediatamente entra el sesgo, no necesariamente con la intención de engañarnos, sino más bien con el deseo de satisfacernos, de acuerdo con su criterio. Resulta que algunos locutores dan prioridad o preferencia a sucesos de conflicto y de violencia, además de cosas fuera de lo normal. Es obvio que tratan de presentar asuntos emocionantes y ellos mismos, a veces, se emocionan al relatarlos.

Claro está que los locutores también presentan otros asuntos serios y algunos divertidos. El problema es que muchas veces la crítica negativa de nuestra sociedad recibe más atención y preferencia que el elogio de la misma. A veces las presentaciones pueden hacernos creer que la vida no es nada más que una serie continua de crisis insuperables. En verdad hay problemas en la vida, pero también hay éxito y diversión. No es difícil concluir que hay muchas cosas buenas en la vida si no nos dejamos llevar por la retórica inflamatoria.

El problema para el público es mantener una perspectiva de acuerdo con la situación total, no solamente lo más emocionante o lo que atrae más atención, sino también lo demás que ocurre en la vida cotidiana. Es decir, mantener equilibrio de perspectiva. Por eso, es importante tener presente y no negar que hay sesgo en las presentaciones de los locutores. Si hacemos esto, podemos juzgar bien con el balance necesario.

Lo bueno es que la libertad que permite el sesgo, también permite que los locutores nos den el resto de los datos y sucesos importantes, para que estemos bien informados. ¿No debemos aceptar lo poco de malo con lo mucho que hay de bueno? Sin la libertad que tienen los locutores, los resultados serían más negativos que positivos. Así es que aunque el sistema que tenemos no es completamente perfecto, hasta la fecha no se ha encontrado uno mejor.

Es importante escuchar, juzgar bien y no tragarlo todo. De esa manera se puede mantener el equilibrio de perspectiva y obtener información al mismo tiempo. ¿No será esta la mejor manera de interpretar las noticias?

## Preguntas Basadas en el Texto

1. ¿Qué se dice de la libertad de los locutores?
2. Sin la libertad, ¿cómo tiene que ser el resultado final?
3. Con la libertad, ¿cómo tiene que ser el resultado final?
4. ¿Qué causan la radio y la televisión?
5. ¿De qué les acusan a los locutores?
6. ¿Qué mantienen los defensores de los locutores?
7. Según algunos, ¿qué hay intrínseco en el sistema?
8. ¿Qué prioridad dan algunos locutores?
9. ¿Qué causa esta prioridad?
10. ¿Cuál es el problema para el público?
11. ¿Por qué todavía se usa el sistema que tenemos?
12. ¿Qué se debe hacer para mantener el equilibrio de perspectiva?

## Preguntas Libres

1. ¿Cuál es su opinión de las acusaciones contra los locutores?
2. ¿Cuál es su opinión de la defensa de los locutores?
3. ¿Cuál es su opinión de la importancia de la libertad?
4. ¿Cuál es su opinión del sesgo?
5. ¿Cómo se deben interpretar las noticias?

## Temas para Composiciones

1. El sesgo en las presentaciones de los locutores
2. La importancia de la libertad para los locutores
3. Acusaciones contra los locutores
4. Defensa de los locutores
5. El equilibrio de perspectiva
6. La fuente de la libertad que tienen los locutores

# ¿Debe ser democrático el trabajo?

$\mathcal{E}$ntre las nuevas ideas que se discuten para hacer más agradable el trabajo, se encuentra la de hacerlo más democrático. ¿En qué consiste esta idea? Por lo menos, abarca un concepto de los obreros como seres humanos, y no meramente como mecanismos automáticos o maniquíes mecánicos. Se ha probado ya en varias instalaciones industriales que, cuando los gerentes dan más responsabilidades a los obreros, éstos, como resultado, se animan y la producción sube enormemente. También, cuando los obreros tienen la oportunidad de ofrecer sugerencias a los gerentes, especialmente si se aceptan las sugerencias, entonces los obreros trabajan con más empeño. En otras situaciones, varias compañías permiten que los empleados elijan a sus propios gerentes. También hay casos en que las compañías dejan que los trabajadores fijen el tiempo de sus vacaciones y las horas de trabajo, además de determinar los modos de vestirse y otras relaciones muy personales.

Y aún más, se ve que en varios casos los obreros no solamente participan en el manejo y control de las empresas, sino que también participan en la propiedad por medio de acciones, o dadas, o compradas a precios reducidos. Ya que los trabajadores saben que son dueños en parte de la compañía, manifiestan más interés, energía y entusiasmo por el éxito de la misma. Los resultados se evidencian beneficiosos, no solamente en el aumento de producción, sino también en el estado de ánimo y salud de los trabajadores. Hay menos ausentismo, porque los empleados no quieren dañar su propio negocio.

Aunque hay oposición por parte de varias compañías y sus gerentes tradicionalistas, la democratización obrera en las empresas sigue acrecentándose poco a poco. También hay oposición por parte de varios jefes de sindicatos obreros. Estos jefes sospechan que la asociación democrática

entre los gerentes y los empleados va en contra de sus esfuerzos de sindicalizar a los trabajadores. Parece que la democratización es una amenaza a su poder sindical.

Cada año que pasa, las filas de trabajadores se muestran más educadas e informadas. Así es que, más y más, los empleados quieren participar en el manejo y control de las compañías donde trabajan. ¿Hasta dónde llegará este movimiento?

## Preguntas Basadas en el Texto

1. ¿Qué idea se discute para hacer más agradable el trabajo?
2. ¿En qué consiste esta idea?
3. ¿Qué hacen algunos obreros cuando reciben más responsabilidades?
4. ¿Qué hacen algunos obreros cuando sus sugerencias son aceptadas por los gerentes?
5. ¿En qué se les permite a los obreros participar en algunos casos?
6. Cuando los obreros saben que son dueños en parte, ¿qué manifiestan?
7. A pesar de la oposición por parte de gerentes tradicionalistas, ¿qué está ocurriendo?
8. ¿Qué sospechan algunos jefes de sindicatos obreros?
9. ¿Cuál es la verdad con respecto a varios jefes de sindicatos obreros?
10. Cada año que pasa, ¿cómo se muestran las filas de trabajadores?

## Preguntas Libres

1. ¿Sube la producción cuando los gerentes dan más responsabilidades a los obreros? ¿Por qué?
2. ¿Trabajan los obreros con más empeño si se aceptan sus sugerencias? ¿Por qué?
3. ¿Manifiestan los obreros más interés si son dueños en parte de la compañía? ¿Por qué?
4. ¿Amenaza la democratización obrera al poder sindical? ¿Por qué?
5. ¿Se oponen los gerentes tradicionalistas a la democratización obrera?

## Temas para Composiciones

1. Ventajas del trabajo democrático
2. Desventajas del trabajo democrático
3. Mi opinión acerca del trabajo democrático

# El dinero y la política

Cada elección es más costosa, y los candidatos necesitan más dinero. Los que no tienen dinero, o no lo pueden conseguir, rara vez salen triunfantes. Lo significativo de esta situación es que los adinerados tienen la oportunidad de ejercer mucha influencia sobre el resultado final de las elecciones. Así es que las personas que ganan la mayoría de los votos y ocupan puestos del gobierno están ya obligadas y comprometidas a los que los han ayudado con dinero. Es evidente que en esta situación hay mucho peligro de abusos y de preferencia a favor de los adinerados. Los candidatos electos no están libres para ejercer sus oficios sin la intervención potente de los que han contribuido dinero para la elección lograda. A veces, los que dan dinero son individuos, pero las contribuciones importantes vienen de las grandes compañías y de los sindicatos.

Muchas personas han hablado en contra de un sistema político con tal influencia del dinero que se presta fácilmente a abusos y escándalos. Y ha habido muchos abusos y escándalos. Lo que proponen estas personas es que haya contribuciones del gobierno para pagar los gastos de las elecciones, y así eliminar la influencia de los adinerados, cuyas contribuciones deben ser prohibidas. Según este plan cada uno de los candidatos recibiría del gobierno una suma idéntica de dinero para sus gastos. Esto eliminaría la intervención y la influencia de los adinerados sobre las elecciones. Así piensan los proponentes. Además, dicen que hay una gran necesidad de cambiar el sistema, señalando que muchos políticos, al recibir dinero, prometen apoyar los intereses de los donantes. Una vez comprometidos, estos políticos tienen que actuar a favor de los adinerados y no a favor de los intereses del público en general. También se arguye que hay bastante evidencia para mostrar que es absolutamente necesario eliminar del sistema político la influencia de los adinerados.

85

Sin embargo, algunos estudiosos del sistema político han indicado que los ricos que desean ejercer influencia sobre una elección, pueden lograrla de varias maneras, sin dar dinero directamente a un candidato. Pueden organizar fuerzas de supuestos voluntarios para apoyar al candidato que ellos prefieren, sin violar ninguna ley que prohiba contribuciones directas. Y, aún más, dicen que hay otras fuerzas de importancia que pueden ser organizadas en apoyo de una causa buena y justa. Según esta teoría, una causa buena, con un candidato fuerte, atrae apoyo y dinero. Esto parece ser un poco idealista, pero no se puede negar su existencia. Claro que se puede debatir si estas fuerzas tienen más influencia que la de los ricos estimulados por sus propios intereses económicos. También hay quienes dicen que el controlar las contribuciones va en contra de los derechos garantizados por la Constitución del país.

Ha sido difícil promulgar leyes satisfactorias acerca de este asunto. Mientras tanto, *Don Dinero* todavía sigue ejerciendo gran influencia.

## Preguntas Basadas en el Texto

1. ¿Cómo es cada elección?
2. Casi siempre, ¿quiénes salen triunfantes en las elecciones?
3. ¿Qué es lo significativo de la situación?
4. ¿Qué compromisos hay?
5. ¿Por qué se puede decir que hay peligro?
6. ¿Quiénes contribuyen más para las elecciones?
7. ¿Qué proponen algunos para mejorar la situación?
8. ¿Qué indican algunos estudiosos con respecto a los ricos?
9. ¿Qué pasa cuando hay una causa buena?
10. ¿Qué se puede decir acerca de las leyes?

## Preguntas Libres

1. ¿Qué piensa Ud. de la influencia de los adinerados?
2. ¿Cuál es su opinión de los compromisos de los candidatos electos?
3. ¿Qué opina Ud. de las contribuciones del gobierno?
4. ¿Cuál es su opinión de lo que dicen los estudiosos?
5. ¿Se debe eliminar la influencia del dinero? ¿Por qué?
6. ¿Hay conflicto entre el controlar las contribuciones y los derechos constitucionales? ¿Por qué?
7. ¿Se puede eliminar la influencia del dinero en la política? ¿Por qué?

## Temas para Composiciones

1. La necesidad de reformas acerca de contribuciones para las elecciones políticas
2. La importancia de una causa buena y justa en las elecciones
3. La importancia del dinero en las elecciones políticas
4. La importancia de los derechos garantizados por la Constitución del país
5. El problema de los compromisos
6. La política sin los adinerados

# *Punto y contrapunto de un pago mínimo*

*L*os argumentos principales a favor de un pago mínimo para los obreros se basan en la idea de asegurar que los trabajadores reciban un sueldo suficiente para sus necesidades. Además, los proponentes arguyen que proporciona un estímulo a la economía total del país. Al pasar los años, el congreso nacional ha aumentado el pago mínimo varias veces, y los proponentes siguen pidiendo más.

Sin embargo, hay quienes arguyen en contra de un pago mínimo. Estos mantienen que a veces un pago mínimo no ayuda a los que trata de ayudar. Es decir, aunque el deseo es de asegurar un sueldo adecuado para los obreros que reciben menos, muchas veces el resultado es que no tienen empleo alguno, porque sus servicios cuestan más de lo que los patronos quieren pagar. A veces, los obreros jóvenes y los que no tienen ninguna destreza ya adquirida encuentran dificultades en conseguir un trabajo de principiante. Algunas personas ganan más a causa del pago mínimo, pero otras pierden su trabajo o no pueden conseguir empleo si no lo tienen.

Algunos proponentes declaran que un pago mínimo aumenta el número de empleados, porque causa un crecimiento del poder de adquisición, y de esa manera hay una necesidad en la economía, estimulada por la demanda, de emplear más gente. Estos opinan que lo que da más estímulo a la economía es una demanda fuerte representada por un gran poder de comprar, que a su vez viene, en parte, de un buen pago mínimo para los del más bajo nivel de ingresos.

Hay otros que proponen un pago mínimo, no tanto como cuestión de estímulo para la economía, sino como cuestión de justicia social para los de pocos ingresos, quienes sufren más por las fluctuaciones de la economía. Cuando hay inflación, ellos son los que menos tienen con qué pagar los precios exorbitantes.   Cuando hay deflación, ellos son los primeros que pierden su empleo o reciben menos sueldo, de modo que no pueden aprovecharse de los precios reducidos.

Pero los que no están a favor de un pago mínimo insisten en que el resultado principal es el alza de los precios.   Cuanto más sube el pago mínimo, tanto más suben los precios en general.   Según estos contrincantes, la mejor manera de ayudar a mucha gente de pocos ingresos es darles educación o habilidad adquirida, para que puedan conseguir trabajo bueno sin necesidad de preocuparse por el problema de un pago mínimo.   En otras palabras, prefieren ayuda directa del gobierno para las personas de este nivel.   Así, pueden mejorar su competencia, y aumentar su capacidad de ganar suficiente dinero para sus necesidades.   Se ve entonces, que el dilema es económico y social a la vez.

## Preguntas Basadas en el Texto

1. ¿En qué se basan los argumentos principales a favor de un pago mínimo?
2. Al pasar los años, ¿qué ha hecho el congreso con respecto a un pago mínimo?
3. Según los contrincantes, ¿por qué no ayuda un pago mínimo?
4. Según los contrincantes, ¿cuáles son los grupos que sufren más?
5. Según algunos proponentes, ¿por qué se aumenta el número de empleados?
6. Además del aspecto económico, ¿por qué proponen algunos un pago mínimo?
7. Cuando hay inflación, ¿en qué situación se hallan los de pocos ingresos?
8. Cuando hay deflación, ¿en qué situación se hallan los de pocos ingresos?
9. Según algunos contrincantes, ¿cuál es el impacto en los precios?
10. Según algunos, ¿cuál es la mejor solución?
11. ¿Cómo es el dilema?

## Preguntas Libres

1. ¿Se asegura un sueldo adecuado con un pago mínimo?   ¿Por qué?
2. ¿Se estimula la economía con un pago mínimo?   ¿Por qué?
3. ¿Se disminuyen los empleos con un pago mínimo?   ¿Por qué?
4. ¿Se aumenta el número de empleados con un pago mínimo?   ¿Por qué?

5.  ¿Se alzan los precios a causa de un pago mínimo?   ¿Por qué?
6.  ¿Es necesario un pago mínimo como justicia social?   ¿Por qué?
7.  ¿Cuál es la mejor ayuda para los de pocos ingresos?   ¿Por qué?

## Temas para Composiciones

1.  Ventajas de un pago mínimo
2.  Desventajas de un pago mínimo
3.  El dilema social y económico de un pago mínimo
4.  El aumento del pago mínimo

# 24

# *Fuga de la realidad*

No se pueden resolver satisfactoriamente muchos de los problemas de nuestro país de una manera negativa. Un buen ejemplo es el problema de los recursos energéticos. La idea básica que muchos proponen es reducir el consumo de energía de cualquier manera. Parece que no les importa el impacto dañoso que esto puede causar con respecto a la economía.

El recurso que más les preocupa es el petróleo. Una reducción de entrada de grandes cantidades de petróleo en la economía provoca una mala repercusión en casi todos los segmentos de la misma. Así es que la reducción del uso, en verdad, representa una solución completamente negativa.

Lo que se debe hacer es proceder de una manera positiva. Pero, ¿en qué consiste una solución positiva? Simplemente, consiste en dedicarnos completamente a un programa para producir la energía y los energéticos que la economía necesita para sostenerse a un nivel adecuado y progresivo. Hay que tener presente que una abundancia de energía es un elemento absolutamente esencial para la salud de nuestra economía, que afecta también el bienestar actual y futuro de la gente, además de la seguridad nacional. La producción de la energía necesaria merece una prioridad muy alta.

El problema de la energía no es nada misterioso. Consiste específicamente en una insuficiencia de recursos. Se resolverá cuando se elimine esta falta, por medio de la producción adecuada. Para alcanzar esta producción adecuada, hay que establecer una meta nacional y organizar las fuerzas del país en una dedicación total, como se hace en tiempos de guerra. Este sí es un programa positivo, completamente opuesto a un programa negativo de restringir la entrada de energía y energéticos en la economía. Esta restricción, inevitablemente, causa una depresión económica.

Parece que no se quiere confrontar la realidad de que solamente se puede resolver este problema con la producción de suficiente energía y energéticos.   Es obvio que hay una evasión y fuga de esta realidad.   Como en todos los casos de fuga de la realidad, una alternativa resulta peor, en sus consecuencias, que una confrontación directa y positiva con la realidad.

Es menester actuar de una manera positiva, de acuerdo con la tradición norteamericana.   El éxito del sistema norteamericano siempre se ha basado en una filosofía de trabajar y producir los productos y servicios necesarios en grandes cantidades.   En otras palabras, siempre se ha basado en un concepto positivo y optimista a la vez.   Así es que hay que aplicar continuamente este concepto con fervor e intensidad, sin vacilación ni fuga de la realidad.

## Preguntas Basadas en el Texto

1.   ¿Cuál es la idea básica de la solución negativa?
2.   ¿Cuál es el recurso que más nos preocupa?
3.   ¿Cuál es el impacto de una reducción de petróleo para la economía?
4.   ¿Qué causa una restricción de energéticos?
5.   ¿En qué consiste una solución positiva?
6.   ¿Qué se debe tener presente?
7.   ¿Qué afecta la salud de la economía?
8.   ¿Qué merece la producción necesaria de energía y energéticos?
9.   ¿Es misterioso el problema de la energía y los energéticos?   ¿Por qué?
10.   ¿Cuándo se resolverá el problema de la energía y los energéticos?
11.   ¿En qué filosofía se basa el sistema norteamericano?

## Preguntas Libres

1.   ¿Qué opina Ud. de la restricción de petróleo?
2.   ¿Qué opina Ud. de la producción necesaria de energía y energéticos?
3.   Según su opinión, ¿cuál es la mejor solución?
4.   ¿Ha sufrido Ud. por falta de energía o energéticos?   ¿Por qué?
5.   ¿Cree Ud. que se resolverá el problema de una manera satisfactoria? ¿Por qué?

## Temas para Composiciones

1. Ventajas de restringir el uso de energéticos
2. Desventajas de restringir el uso de energéticos
3. El impacto en la economía de aumentar la cantidad de energéticos
4. La mejor manera de resolver el problema de energía y energéticos

# ¿Qué se debe hacer con la basura?

Todo el mundo sabe que uno de los problemas que más nos preocupa es la falta de energía. Cada año se gasta mucho dinero para producir más energía. Se construyen instalaciones nucleares. Se efectúan exploraciones para encontrar materiales necesarios para estas instalaciones. También hay exploraciones en busca de más petróleo. Además, se conducen investigaciones para descubrir mejores maneras de usar el carbón sin que haya tanta contaminación.

A pesar de todos estos esfuerzos, se sabe que a la larga no va a haber suficientes materiales de estos tipos para satisfacer las demandas de la sociedad. Sin embargo, hay una fuente de energía que abunda, y de la cual apenas nos comenzamos a aprovechar. Esta fuente inagotable es la basura, que se acumula diariamente en cantidades enormes. Una investigación ha revelado que, de los ciento treinta millones de toneladas que se acumulan cada año en los Estados Unidos, el setenta y cinco por ciento se puede quemar para producir electricidad o calentar edificios. También se puede producir la energía para aire acondicionado.

La basura combustible, si se usa, puede proporcionar energía que equivale a ciento cincuenta millones de barriles de petróleo. Esta cantidad puede crear bastante energía para producir toda la electricidad necesaria durante un año en los Estados Unidos. Así es que, si se emplea la basura para producir esta electricidad, entonces habrá mucho petróleo para otros usos de urgencia.

Ya se sabe, por ejemplos específicos, que se puede quemar la basura y producir energía con eficiencia. Lo bueno de esta manera de crear energía es que resuelve dos problemas a la vez. Mientras hay producción de energía, hay eliminación eficiente de las muchas toneladas de basura.

Además de esto, se puede usar la basura para resolver otros problemas. Se ha hablado mucho de la necesidad de producir más comida para el creciente número de habitantes del mundo. Una manera de hacerlo es la eliminación de la basura. Se trata de la construcción de escollos artificiales en el mar. Estos se pueden construir de basura que no se puede quemar: carrocerías de automóviles, barcos obsoletos, tranvías viejos, etc.

Cuando se construye un escollo artificial en el mar, en poco tiempo comienzan a crecer plantas marinas. Después llegan distintas especies de vida marina, y finalmente, vienen los peces a buscar comida y refugio. A través de investigaciones, se ha verificado que los escollos artificiales no solamente atraen vida marina, sino que la aumentan con verdadero crecimiento de vida nueva. Así es que estas investigaciones han confirmado que los escollos artificiales sirven para aumentar la cantidad de peces en el mar. El resultado es que no sólo hay más peces, sino que también son más accesibles.

Algunos experimentos con fardos de basura comprimida confirman que hasta esta clase de basura sirve para construir escollos artificiales. Cada fardo pesa una tonelada y media, y representa la basura echada por una persona durante un año. Este sistema ayuda mucho para resolver el problema de la eliminación de la basura y, al mismo tiempo, contribuye a aliviar el problema de la falta de comida para los hambrientos del mundo.

El uso de la basura para proporcionar más comida representa un milagroso aprovechamiento. ¿No debemos aprovecharnos de esta oportunidad sin más tardanza?

## Preguntas Basadas en el Texto

1.  ¿Qué se hace cada año para producir más energía?
2.  A pesar de los esfuerzos, ¿qué va a pasar a la larga?
3.  ¿Por qué se dice que la basura es inagotable?
4.  ¿Qué por ciento de la basura es combustible?
5.  ¿Qué cantidad de electricidad puede producir?
6.  ¿A cuántos barriles de petróleo equivale la basura combustible?
7.  Si se quema la basura para producir energía, ¿qué problemas se resuelven?
8.  ¿Por qué es necesario producir más comida?
9.  ¿De qué se pueden construir escollos artificiales?
10. ¿Cómo es que los escollos artificiales pueden contribuir a la producción de comida?

## Preguntas Libres

1. ¿Qué piensa Ud. del uso de la basura para producir más energía?
2. ¿Qué piensa Ud. de lo que diría la industria petrolera?
3. ¿Qué piensa Ud. de la construcción de escollos artificiales?
4. ¿Qué piensa Ud. de lo que se debe hacer con la basura?
5. ¿Por qué debemos aprovecharnos de esta oportunidad?

## Temas para Composiciones

1. El problema de eliminar la basura
2. El peligro de no encontrar nuevas fuentes para producir energía
3. Ventajas de construir escollos artificiales
4. Desventajas de construir escollos artificiales
5. Maneras de construir escollos artificiales
6. El valor de la basura

# Vocabulario

ABBREVIATIONS

*adj.*  adjective
*adv.*  adverb
*conj.*  conjunction
*f.*  feminine noun
*m.*  masculine noun

*pl.*  plural
*prep.*  preposition
*pron.*  pronoun
**(ie), (ue), (i)** indicate a verb-stem change

**a** *prep.* to, at, in, on; **a veces** at times;
  **a pesar de** in spite of
**a** *prep.* to, at, in, on; **a veces** at times
**abarcar** to encompass, to include
**abiertamente** *adv.* openly
**abierto** *adj.* open; *(past participle of
  the verb* **abrir***)*
**abogado** *m.* lawyer; **abogado de
  defensa** defense lawyer
**abrir** to open
**absolutamente** *adv.* absolutely
**abundancia** *f.* abundance
**abundar** to abound
**aburrido** *adj.* bored, boring
**abusar** to abuse
**abuso** *m.* abuse
**acabar** to finish, to end; **acabar de**
  to have just
**academia** *f.* academy
**académico** *adj.* academic
**accesible** *adj.* accessible
**accidente** *m.* accident
**acción** *f.* action, stock or share
**aceptar** to accept
**acerca de** *prep.* concerning, about
**acidez** *f.* acidity
**aclarar** to clarify
**acondicionado** *adj.* conditioned;
  **acondicionamiento del aire** air
  conditioning
**acontecimiento** *m.* happening
**acostumbrarse** to become accustomed to

**acrecentar (ie)** to increase
**acromegálico** *adj.* having abnormal
  enlarged growth
**actitud** *f.* attitude
**actividad** *f.* activity
**acto** *m.* act; **acto reflejo** reflex action
**actor** *m.* actor
**actuación** *f.* action
**actual** *adj.* current
**actualmente** *adv.* currently
**actuar** to act
**acuerdo** *m.* agreement; **estar de acuerdo**
  to be in agreement
**acumulación** *f.* accumulation
**acumulado** *adj.* accumulated
**acumular** to accumulate
**acusación** *f.* accusation
**acusado** *adj.* accused; *m.* an accused
  person
**acusar** to accuse
**adaptabilidad** *f.* adaptability
**adaptarse** to adapt oneself
**adecuado** *adj.* adequate
**adelante** *adv.* farther on, ahead, in the
  future
**adelanto** *m.* advance
**además** *adv.* furthermore
**adinerado** *adj.* wealthy; *m.* a wealthy
  person
**admitir** to admit
**adolescencia** *f.* adolescence
**adquirido** *adj.* acquired

**adquirir (ie)** to acquire
**adquisición** *f.* acquisition; **poder de adquisición** buying power
**adulto** *m.* adult
**advertencia** *f.* warning
**afectar** to affect
**aficionado** *m.* sports fan, enthusiast
**afirmar** to affirm
**afueras** *f.pl.* outskirts
**África** *f.* Africa
**agencia** *f.* agency
**agotar** to exhaust, to use up
**agradable** *adj.* pleasant, agreeable
**agregar** to add
**agrícola** *adj.* agricultural
**agricultura** *f.* agriculture
**agua** *f.* water
**agudo** *adj.* sharp
**agujerito** *m.* small hole
**ahí** *adv.* there
**ahora** *adv.* now
**aire** *m.* air; **aire acondicionado** air conditioning, air conditioned
**aislado** *adj.* isolated
**al** to the, at the *(contraction of* **a** *and* **el***)*
**alcance** *m.* reach
**alcanzar** to achieve, to attain, to reach
**alcohólico** *adj.* alcoholic
**alegre** *adj.* happy
**alegría** *f.* happiness
**alemán** *adj.* German; *m.* German (language)
**algo** *pron.* something; *adv.* somewhat, a little
**alguien** *pron.* someone, somebody
**alguno** *pron.* someone, some; *adj.* some, any
**alimenticio** *adj.* nourishing, nutritious
**alimento** *m.* food, nourishment
**aliviar** to relieve
**alivio** *m.* relief
**almacén** *m.* store
**alquilar** to rent
**alquiler** *m.* rent, rental, hire; **el alquiler** the renting
**alrededor** *adv.* around; **alrededor de** around; **alrededores** *m. pl.* environs, surroundings
**alternativa** *f.* alternative
**alto** *adj.* high
**alumno** *m.* student

**alza** *f.* rise
**allí** *adv.* there
**amasar** to amass
**ambientalista** *m. & f.* environmentalist
**ambiente** *m.* environment
**ambos** *adj. & pron.* both
**amenaza** *f.* threat
**amenazador** *adj.* threatening
**amenazar** to threaten
**americano** *adj. & m.* American
**amigo** *m.* friend
**amuleto** *m.* charm
**anécdota** *f.* anecdote
**anchísimo** *adj.* very wide, extremely wide
**angustia** *f.* anguish, distress, anxiety
**anillo** *m.* ring for the finger
**animador** *adj.* animating
**animal** *m.* animal
**animarse** to become encouraged
**ánimo** *m.* spirit
**anochecer** to get dark
**ansiedad** *f.* anxiety
**ante** *prep.* before
**anteriormente** *adv.* previously
**antemano** *adv.* beforehand
**antes** *adv.* before
**antes de** *prep.* before
**antiguo** *adj.* ancient
**anual** *adj.* annual
**anunciante** *adj.* advertising; *m. & f.* advertiser
**anunciar** to announce
**anuncio** *m.* announcement
**añadir** to add
**año** *m.* year
**aparato** *m.* apparatus
**aparecer** to appear
**apartamento, apartamiento** *m.* apartment
**apearse** to get out of a car or taxi
**apelar** to appeal
**apenas** *adv.* barely, hardly, scarcely; *conj.* no sooner than, as soon as
**aplaudir** to applaud
**aplicar** to apply
**apoderarse** to get control of
**apoyar** to support
**apoyo** *m.* help, support
**aprender** to learn
**aprensión** *f.* apprehension
**apresurado** *adj.* hurried, hasty

**aprieto** *m.*   tight fix
**apropiación** *f.*   appropriation
**apropiado** *adj.*   appropriate
**aprovechamiento** *m.*   profitable use,
  advantageous use
**aprovecharse**   to take advantage of;
  **aprovechar**   to use profitably
**aptitud** *f.*   aptitude
**aquel, aquella** *adj.*   that; **aquél, aquélla**
  *pron.* that
**árbitro** *m.*   arbitrator
**archivar**   to file (papers, etc.)
**área** *f.*   area
**argüir**   to argue
**argumento** *m.*   argument
**arma** *f.*   arm (weapon)
**arreglo** *m.*   arrangement
**arrojar**   to throw, to throw out
**arruinar**   to ruin
**artificial** *adj.*   artificial
**artista** *m. & f.*   artist
**asegurar**   to assure
**así** *adv.*   thus, so
**Asia** *f.*   Asia
**asistir**   to attend
**asiento** *m.*   seat
**asociación** *f.*   association
**aspecto** *m.*   aspect
**astuto** *adj.*   astute
**asunto** *m.*   topic, subject, matter
**atacar**   to attack
**atemorizante** *adj.*   terrifying
**atención** *f.*   attention
**aterrorizante** *adj.*   terrifying
**atestiguar**   to testify, to attest
**atleta** *m. & f.*   athlete
**atlético** *adj.*   athletic
**atraer**   to attract
**atribuible** *adj.*   attributable
**aula** *f.*   classroom
**aumentar**   to increase
**aumento** *m.*   increase
**aun** *adv.*   even
**aún** *adv.*   still, yet
**aunque** *conj.*   although
**ausentismo** *m.*   absenteeism
**auto** *m.*   auto, car
**automáticamente** *adv.*   automatically
**automático** *adj.*   automatic
**automóvil** *m.*   automobile
**automovilístico** *adj.*   pertaining to an
  automobile
**avenencia** *f.*   agreement, compromise,
  accord
**averiguación** *f.*   determination, investigation
**averiguar**   to determine
**aviación** *f.*   aviation
**avión** *m.*   airplane
**ayuda** *f.*   help
**ayudar**   to help


**baile** *m.*   dance
**bajar**   to go down, to lower
**bajo** *adj.*   low; *prep.* beneath, under;
  *adv.* softly
**balance** *m.*   balance
**balde** *m.*   bucket, pail; **de balde** *adv.*
  free of charge; **en balde** *adv.*   in vain
**balompié** *m.*   soccer
**baloncesto** *m.*   basketball
**bandido** *m.*   bandit
**bar** *m.*   bar
**barco** *m.*   ship
**barril** *m.*     barrel; **barril  sin  fondo**
  a barrel without a bottom
**barrio** *m.*   district, neighborhood
**basado** *adj.*   based
**basar**   to base; **basarse en**   to be
  based on
**base** *f.*   base
**básicamente** *adv.*   basically
**básico** *adj.*   basic
**basquetbol** *m.*   basketball
**bastante** *adj., adv., pron.*   enough
**bastar**   to be enough
**basura** *f.*   trash, refuse
**batalla** *f.*   battle
**bate** *m.*   bat
**batear**   to bat
**beber**   to drink
**bebito** *m.*   little baby
**beisbol, béisbol** *m.*   baseball
**beisbolista** *m.*   baseball player
**bélico** *adj.*   bellicose, warlike
**belleza** *f.*   beauty
**bello** *adj.*   beautiful
**beneficio** *m.*   benefit
**beneficioso** *adj.*   beneficial
**biblioteca** *f.*   library
**bien** *adv.*   well; *m.* a good thing;

**bienes naturales** natural resources
**bienestar** *m.* well-being
**billón** *m.* billion
**biológicamente** *adv.* biologically
**biológico** *adj.* biological
**bisabuelo** *m.* great-grandfather;
  *pl.* great-grandparents; **bisabuela**
  great-grandmother
**blanco** *adj.* white
**boca** *f.* mouth
**bolsillo** *m.* pocket
**bomba** *f.* bomb
**borracho** *adj.* drunk; *m.* a drunk person
**bostezar** to yawn
**bostezo** *m.* yawn
**botella** *f.* bottle
**breve** *adj.* short, brief
**brotar** to come forth, to give forth,
  to germinate
**bueno** *adj.* good; **lo bueno** the good
  thing
**burocracia** *f.* bureaucracy
**burocrático** *adj.* bureaucratic
**busca** *f.* search
**buscar** to look for

**cabeza** *f.* head
**cabo** *m.* end; **al cabo** in the end,
  finally
**cacahuate, cacahuete** *m.* peanut
**cada** *adj.* each
**cadáver** *m.* corpse
**caer** to fall
**calamidad** *f.* calamity
**calentador** *m.* heater
**calentar (ie)** to heat
**calibre** *m.* calibre
**calma** *f.* calmness
**calmar** to calm; **calmarse** to calm
  oneself
**calor** *m.* heat
**cama** *f.* bed
**cámara** *f.* legislative house
**cambiar** to change
**cambio** *m.* change
**camino** *m.* road, path
**campo** *m.* field, campus
**candidato** *m.* candidate
**candor** *m.* candor
**cantidad** *f.* quantity

**capacidad** *f.* capacity
**capaz** *adj.* capable
**capital** *f.* capital city
**cara** *f.* face
**carácter** *m.* character
**característica** *f.* characteristic
**carbón** *m.* coal
**carente** *adj.* lacking
**cargamento** *m.* cargo
**Caribe** *m.* Caribbean
**caritativo** *adj.* charitable
**carne** *f.* meat
**carrera** *f.* career
**carretera** *f.* highway
**carrocería** *f.* auto body
**cartucho** *m.* cartridge, roll (as of
  coins), paper bag
**casa** *f.* house
**casado** *adj.* married
**casar** to marry; **El casó a su hija con
  Juan.** He married his daughter to John.
**casarse** to get married; **El se casó con
  Elena.** He married Helen.
**casi** *adv.* almost, nearly
**caso** *m.* case; **hacerle caso a uno**
  to pay attention to someone
**castigo** *m.* punishment
**catástrofe** *f.* catastrofe
**catastrófico** *adj.* catastrophic
**categoría** *f.* category
**causa** *f.* cause
**causar** to cause
**celebridad** *f.* celebrity
**centavo** *m.* cent
**centro** *m.* center
**cerca** *adv.* near; **cerca de** *prep.* near
**cerrar (ie)** to close
**certeza** *f.* certainty
**ciclo** *m.* cycle
**ciencia** *f.* science; **a ciencia cierta**
  for sure
**científico** *adj.* scientific; *m.* scientist
**ciento** hundred; **por ciento** per cent
**cierto** *adj.* certain
**cifra** *f.* number
**cinco** five
**cincuenta** fifty
**cinta** *f.* tape, ribbon; **cinta magnética**
  magnetic tape
**circunstancia** *f.* circumstance
**citar** to cite

ciudad *f.* city
ciudadano *m.* citizen
civilización *f.* civilization
claro *adj.* clear
clase *f.* class, kind
cláusula *f.* clause
clavado *adj.* nailed
clienta *f.* customer
cliente *m.* customer
clientela *f.* clientele, customers
coerción *f.* coercion
coger to catch, to seize, to take
cola *f.* tail, line of people
colegio *m.* college, school
color *m.* color
collar *m.* necklace, collar (of a dog, etc.)
combinación *f.* combination
combustible *adj. & m.* combustible
comenzar (ie) to begin
comer to eat
comercial *adj.* commercial
comestibles *m. pl.* food
cometer to commit
cometido *adj.* committed
cómico *m.* comedian
comida *f.* food
comienzo *m.* beginning
comité *m.* committee
como *adv.* as, like, since, how; cómo *interrogative adv.* how?
cómodo *adj.* comfortable
comoquiera *adj.* however
compacto *adj.* compact; compacto *m.* compact car
compañía *f.* company
comparación *f.* comparison
comparar to compare
compasión *f.* compassion
competencia *f.* competence
completamente *adv.* completely
completar to complete
completo *adj.* complete; por completo completely
complicado *adj.* complicated
comportarse to behave, to act
composición *f.* composition
comprado *adj.* bought
comprar to buy
comprender to understand
comprensivo *adj.* comprehensive

comprimido *adj.* compressed
comprometido *adj.* compromised
compromiso *m.* obligation
computadora *f.* computer
computocracia *f.* computerism, computocracy
computocrático *adj.* computocratic
común *adj.* common
comunicación *f.* communication
comunicarse to communicate
comunidad *f.* community
comunista *adj., m. & f.* communist
con *prep.* with
concebir (i) to conceive
concentración *f.* concentration
concepto *m.* concept
concernirse (ie) to concern oneself
concluir to conclude
concordar (ue) to agree, to be in accord with
concreto *adj.* solid; *m.* concrete
condena *f.* conviction
condición *f.* condition
conducir to conduct
conejo *m.* rabbit
conferencia *f.* lecture
confesar (ie) to confess
confesión *f.* confession
confianza *f.* confidence
confirmar to confirm
conflicto *m.* conflict
confrontación *f.* confrontation
confrontado *adj.* confronted, faced up to
confrontar to confront
confusión *f.* confusion
congregarse to congregate
congreso *m.* congress
conocer to know
conocido *adj.* known
consecuencia *f.* consequence
conseguir (i) to obtain
considerado *adj.* considerate, considered
considerar to consider
consistir to consist; consistir en to consist of
constante *adj.* constant
constantemente *adv.* constantly
constar de to consist of
constitución *f.* constitution

**constitucional** *adj.*  constitutional
**constituir**  to constitute
**construcción** *f.*  construction
**construir**  to construct
**consuelo** *m.*  consolation
**consumidor** *m.*  consumer
**consumir**  to consume
**consumo** *m.*  consumption
**contacto** *m.*  contact
**contaminación** *f.*  contamination
**contaminado** *adj.*  contaminated
**contento** *adj.*  happy, contented
**continente** *m.*  continent
**continuamente** *adv.*  continually
**continuar**  to continue
**continuo** *adj.*  continuous
**contra** *prep.*  against; *f.* opposition;
  **en contra**  against
**contrapunto** *m.*  counterpoint
**contrario** *m.*  the opposite; **al contrario**
  on the other hand; **contrario** *adj.*
  opposite, contrary
**contrato** *m.*  contract
**contribución** *f.*  contribution
**contribuir**  to contribute
**contrincante** *m. & f.*  opponent
**control** *m.*  control
**controlar**  to control
**convencional** *adj.*  conventional
**conveniente** *adj.*  convenient
**convenir**  to suit one's interest
**conversación** *f.*  conversation
**convertirse (ie)**  to become converted
**cooperación** *f.*  cooperation
**cooperar**  to cooperate
**corrección** *f.*  correction
**corregir (i)**  to correct
**correr**  to run
**corriente** *adj.*  common
**cortadura** *f.*  cut
**corte** *f.*  court
**corto** *adj.*  short
**cosa** *f.*  thing
**Costa Rica** *f.*  Costa Rica
**costar (ue)**  to cost
**costo** *m.*  cost
**costoso** *adj.*  costly
**costumbre** *f.*  custom
**cotidiano** *adj.*  daily
**creación** *f.*  creation
**crear**  to create

**creativo** *adj.*  creative
**crecer**  to grow
**creciente** *adj.*  growing
**crecimiento** *m.*  increase
**credibilidad** *f.*  credibility
**crédito** *m.*  credit
**creencia** *f.*  belief
**creer**  to think
**criatura** *f.*  creature
**crimen** *m.*  crime
**criminal** *m. & f.*  criminal;
  *adj.* criminal
**crisis** *f.*  crisis
**criterio** *m.*  criteria
**crítica** *f.*  criticism
**cromo** *m.*  chrome
**cruel** *adj.*  cruel
**cruzar**  to cross
**cuadra** *f.*  block of a street
**cuadro** *m.*  square (here used to mean
  the fair territory of a baseball
  playing field)
**cual** *pron.*  who, which; **cuál**
  *interrogative pron.* which?, what?
**cualquiera** *adj.*  any; *short form*
  **cualquier;** *pl.* **cualesquiera,** *short form*
  **cualesquier;** *pron.* **cualquiera** *(singu-*
  *lar),* anyone, either one; **cualesquiera**
  *(plural)*
**cuando** *adv.*  when; **de vez en cuando**
  from time to time
**cuanto** *adj.*  as much, as many; *adv.* as,
  as much as; **en cuanto a**  as regards;
  **cuánto** *interrogative adj.*  how much?
  how many?; **unos cuantos**  a few;
  **en cuanto**  as soon as; **en cuanto a**
  with regard to
**cuarenta**  forty
**cuatro**  four
**Cuba** *f.*  Cuba
**cubano** *adj.*  Cuban; *m.* Cuban
**cúbico** *adj.*  cubic
**cuello** *m.*  neck
**cuenta** *f.*  account; **darse cuenta**  to
  realize
**cuerpo** *m.*  body
**cuestión** *f.*  question, matter, affair
**cuestionario** *m.*  questionnaire
**cuidadosamente** *adv.*  carefully
**culpabilidad** *f.*  guilt
**culpable** *adj.*  guilty

cultivar  to cultivate
cultura *f.*  culture
cumplir  to fulfill, to execute
cuota *f.*  dues
cursar  to take courses
curso *m.*  course
cuyo *adj.* (possessive)  whose

chantaje *m.*  blackmail
chistar  to mutter, to mumble

dañar  to harm
daño *m.*  harm; hacer daño  to do harm
dañoso *adj.*  harmful
dar  to give; dar a luz  to give birth;
  dar una vuelta en U  to make a U
  turn; darse por vencido  to give up;
  darse cuenta  to realize; darse a
  conocer  to be revealed
dato *m.*  fact
de *prep.*  of, from
debajo *adv.*  below; debajo de *prep.*
  underneath
debatir  to debate
deber  should, ought to *(usually used as
  an auxiliary verb with an infinitive);*
  debes hacerlo  you should do it
debido *adj.*  due, proper
debilitar  to weaken
década *f.*  decade
decadencia *f.*  decadence
decidir  to decide
decir  to say, to tell; se dice  it is said
declaración *f.*  declaration
declarar  to declare; declararse  to
  declare oneself; declararse en huelga
  to declare a strike, to call a strike
dedicación *f.*  dedication
dedicarse  to dedicate oneself
dedo *m.*  finger
deducir  to conclude, to infer, to deduce
defender (ie)  to defend
defensa *f.*  defense
defensor *m.*  defender
deficiencia *f.*  deficiency
deflación *f.*  deflation
degradación *f.*  degradation
degradar  to degrade
dejar  to let, to allow, to stop

deliberación *f.*  deliberation
delinear  to delineate
delito *m.*  crime
demanda *f.*  demand
demás *preceded by* lo, los, la *or* las
  *means* the rest
demasiado *adj.*  too much, too many;
  *adv.* too much; *pron.* too much,
  too many
democrático *adj.*  democratic
democratización *f.*  democratization
demográfico *adj.*  demographic
demostrado *adj.*  shown, demonstrated
demostrar (ue)  to demonstrate
dentro de *prep.*  within
dependencia *f.*  dependency
depender  to depend
deporte *m.*  sport
deportista *m. & f.*  sportsman, sports-
  woman, athlete
deportivo *adj..*  pertaining to sports
depresión *f.*  depression
deprimente *adj.*  depressing
deprimido *adj.*  depressed
derecho *adj.*  right; *m.* the right to which
  one is entitled; derecha *f.*  the right side
derivado *adj.*  derived
derivar  to derive; derivarse  to be
  derived
desafortunadamente *adv.*  unfortunately
desarrollo *m.*  development
desastroso *adj.*  disastrous
descontento *adj.*  unhappy, discontented
descubrimiento *m.*  discovery
descubrir  to discover; descubierto *past
  participle*  discovered
desde *prep.*  from, since
deseable *adj.*  desirable
deseado *adj.*  desired
desear  to desire
desempeñar  to discharge a duty or a
  job
desencanto *m.*  disenchantment
deseo *m.*  desire
desesperadamente *adv.*  desperately,
  hopelessly
desesperado *adj.*  desperate, hopeless
desfavorable *adj.*  unfavorable
desfile *m.*  parade
deslizarse  to slide, to slip
despertarse (ie)  to wake up

**después** *adv.* after; **después de** *prep.* after
**destino** *m.* destiny
**destreza** *f.* skill
**destrucción** *f.* destruction
**destruido** *adj.* destroyed
**destruir** to destroy
**desventaja** *f.* disadvantage
**detención** *f.* detention
**deterioración** *f.* deterioration
**determinar** to determine
**detonar** to detonate
**día** *m.* day
**diariamente** *adv.* daily
**diarrea** *f.* diarrhea
**dicho** *adj.* said
**diciembre** *m.* December
**diez** ten
**difamación** *f.* defamation
**difamar** to defame
**diferencia** *f.* difference
**diferenciar** to differentiate
**diferente** *adj.* different
**difícil** *adj.* difficult
**dificultad** *f.* difficulty
**dilema** *m.* dilemma
**diligencia** *f.* diligence
**dinamita** *f.* dynamite
**dinero** *m.* money
**Dios** *m.* God
**diputado** *m.* deputy, representative
**dirección** *f.* direction
**directamente** *adv.* directly
**directo** *adj.* direct
**dirigente** *m. & f.* leader
**dirigido** *adj.* directed
**dirigir** to direct
**disciplina** *f.* discipline
**disciplinarse** to discipline oneself
**discurso** *m.* discourse
**discutido** *adj.* discussed
**discutir** to discuss
**disgustado** *adj.* displeased
**disminución** *f.* dimunition
**disminuir** to diminish
**disponible** *adj.* available
**disponerse** to get ready to
**disputar** to dispute
**distancia** *f.* distance
**distinción** *f.* distinction
**distinguido** *adj.* distinguished
**distinguirse** to distinguish oneself

**distinto** *adj.* different
**diversión** *f.* diversion
**divertido** *adj.* amusing
**divulgación** *f.* divulgation
**doctorado** *m.* doctor's degree
**doctoral** *adj.* doctoral
**dólar** *m.* dollar
**dolor** *m.* pain, ache
**dominicano** *adj. & m.* Dominican
**domingo** *m.* Sunday
**Don Dinero** *m.* Don Money
**donante** *m. & f.* giver
**donativo** *m.* gift
**donde** *adv.* where; **dónde** *interrogative adv.* where?
**dormirse** to go to sleep
**dos** two
**dramáticamente** *adv.* dramatically
**duda** *f.* doubt
**dudoso** *adj.* doubtful
**dueño** *m.* owner
**durante** *prep.* during

**e** *conj* and *(as a substitute for the conj.* **y** *when the next letter has the sound of* **y***)*
**economía** *f.* economy
**económico** *adj.* economic
**echar** to throw, to throw out; **echar a perder** to spoil
**edad** *f.* age
**edificio** *m.* building
**educado** *adj.* educated
**efectivo** *adj.* actual, in effect, effective; **en efectivo** in cash
**efecto** *m.* effect, purpose
**efectuar** to effect, to conduct
**efervescente** *adj.* effervescent
**eficaz** *adj.* efficient
**eficazmente** *adv.* efficiently
**eficiencia** *f.* efficiency
**efímero** *adj.* elusive, passing, shortlived
**ejecutivo** *adj.* executive
**ejemplar** *adj.* exemplary; *m.* model, copy
**ejemplo** *m.* example
**ejercer** to exert, to exercise, to conduct
**ejercicio** *m.* exercise
**el** the *(definite article masculine singular form); pl.* **los**

**él** he *(subject pron.)*; him *(prepositional pronoun masculine); pl.* **ellos** they *(subject pronoun masculine),* them *(prepositional pronoun masculine)*
**elección** *f.* election
**electo** *adj. & m.* elect, elected one
**electricidad** *f.* electricity
**eléctrico** *adj.* electrical
**electrónico** *adj.* electronic
**elegible** *adj.* eligible
**elegido** *adj.* elected
**elegir (i)** to select, to choose
**elemento** *m.* element
**eliminación** *f.* elimination
**eliminar** to eliminate
**elogio** *m.* praise
**El Salvador** *m.* El Salvador
**ella** she *(subject pron.),* it *(subject pron. f.),* her, hers *(prep. pron.),* it *(prep. pron. f.); pl.* **ellas** they *(subject pron. f.),* them *(prep. pron. f.)*
**embargo** *m.* embargo; **sin embargo** however, nevertheless
**embellecerse** to become beautiful
**emoción** *f.* emotion
**emocional** *adj.* emotional
**emocionante** *adj.* emotional
**emocionarse** to become emotional
**empeñado** *adj.* determined, persisting
**empeño** *m.* determination
**empeoramiento** *m.* worsening
**empinar** to raise; **empinar la botella** to drink
**empleado** *adj.* employed; *m.* employee
**empleador** *m.* employer
**emplear** to employ; **emplearse a sí mismo** to employ oneself, self employed
**empleo** *m.* use
**empresa** *f.* project, enterprise
**empresario** *m.* impresario, manager
**empujar** to push
**en** *prep.* in, on; **en cuanto** as soon as; **en cuanto a** with regard to
**encima** *adv.* above
**encontrar (ue)** to find; **encontrarse** to be found
**energéticos** *m.* energy-producing materials
**energía** *f.* energy
**énfasis** *m.* emphasis
**enfermedad** *f.* sickness

**engañar** to deceive
**engendrar** to engender
**engordar** to get fat
**enorme** *adj.* enormous
**enormemente** *adv.* enormously
**enriquecer** to enrich
**enriquecimiento** *m.* enrichment
**enseñanza** *f.* teaching, education
**enseñar** to teach, to show, to point out, to indicate
**enterarse** to find out
**entero** *adj.* entire
**entonces** *adv.* then
**entrada** *f.* entrance
**entrar** to enter
**entre** *prep.* between, among
**entrenamiento** *m.* training, coaching
**entretener** to entertain
**entretenimiento** *m.* entertainment
**entrevistar** to interview
**entusiasmo** *m.* enthusiasm
**envuelto** *adj.* wrapped
**epidemia** *f.* epidemic
**época** *f.* epoch
**equidad** *f.* equity
**equilibrio** *m.* equilibrium
**equipo** *m.* team
**equivaler** to equal
**equivocación** *f.* mistake, error
**equivocado** *adj.* mistaken, wrong
**error** *m.* error
**esa** *adj.* that; *pl.* **esas** *adj.* those; **ésa** *pron.* that one; **ésas** those
**escala** *f.* ladder, scale
**escalera** *f.* stair, ladder
**escándalo** *m.* scandal
**escasez** *f.* scarcity
**escena** *f.* scene
**escoger** to choose, to select
**escollo** *m.* reef
**esconder** to hide
**esconderse** to hide oneself
**escritor** *m.* writer
**escuchar** to listen
**escuela** *f.* school
**ese** *adj.* that; *pl.* **esos** *adj.* those; **ése** *pron.* that one; *pl.* **ésos** *adj.* those
**esencial** *adj.* essential
**esencialmente** *adv.* essentially
**esforzarse (ue)** to exert oneself
**esfuerzo** *m.* effort, force

**eso** *neuter pron.* that
**espada** *f.* sword
**espalda** *f.* back
**español** *adj.* Spanish; *m.* Spaniard, Spanish (language)
**espantoso** *adj.* frightening, astonishing
**esparcido** *adj.* scattered, spread
**especial** *adj.* special
**especialmente** *adv.* especially
**especie** *f.* species
**específicamente** *adv.* specifically
**específico** *adj.* specific
**espectáculo** *m.* spectacle
**espectador** *m.* spectator
**espera** *f.* wait
**esperanza** *f.* hope
**esperar** to expect, to wait, to hope
**espíritu** *m.* spirit
**esquina** *f.* corner
**esta** *adj.* this; *pl.* **estas** *adj.* these; **ésta** *pron.* this one; *pl.* **éstas** *pron.* these
**establecer** to establish
**estación** *f.* station
**estacionamiento** *m.* parking
**estadio** *m.* stadium
**estadística** *f.* statistic
**estadístico** *adj.* statistical
**estado** *m.* state
**Estados Unidos** *m.* United States
**estar** to be; **estar a punto de** to be about to
**este** *adj.* this; *pl.* **estos** *adj.* these; **éste** *pron.* this one; *pl.* **éstos** *pron.* these
**estimado** *adj.* estimated, esteemed
**estimulado** *adj.* stimulated
**estímulo** *m.* stimulus
**esto** *neuter pron.* this
**estómago** *m.* stomach
**estrella** *f.* star
**estructura** *f.* structure
**estudiante** *m. & f.* student
**estudiar** to study
**estudio** *m.* study
**estudioso** *adj.* studious; *m.* studious one
**estufa** *f.* stove
**Europa** *f.* Europe
**europeo** *adj.* European
**evasión** *f.* evasion
**evidencia** *f.* evidence
**evidenciarse** to be evident
**evidente** *adj.* evident

**evidentemente** *adv.* evidently
**evitado** *adj.* avoided, evaded
**evitar** to avoid, to evade, to preclude
**evolución** *f.* evolution
**evolucionar** to evolve
**exactamente** *adv.* exactly
**exactitud** *f.* exactitude
**examen** *m.* examination
**examinar** to examine
**excesivo** *adj.* excessive
**excitadamente** *adv.* excitedly
**exigir** to demand
**existencia** *f.* existence
**existente** *adj.* existent
**existiendo** existing
**existir** to exist
**éxito** *m.* success
**exorbitante** *adj.* exorbitant
**experiencia** *f.* experience
**experimento** *m.* experiment
**experto** *adj.* expert
**explicación** *f.* explanation
**exploración** *f.* exploration
**exploratorio** *adj.* exploratory
**explotación** *f.* exploitation
**explosión** *f.* explosion
**expuesto** *adj.* indicated, shown, displayed, expounded
**extender (ie)** to extend
**extenso** *adj.* extensive
**exterior** *adj. & m.* exterior
**extranjero** *adj.* foreign; *m.* foreigner, stranger
**extraño** *adj.* strange

**fábrica** *f.* factory
**fabricar** to manufacture
**faceta** *f.* facet, aspect
**fácil** *adj.* easy
**facilitar** to facilitate
**fácilmente** *adv.* easily
**factor** *m.* factor
**falso** *adj.* false
**falta** f. lack
**faltar** to be lacking
**fama** *f.* fame, reputation
**familia** *f.* family
**fanático** *adj.* fanatical; *m.* fan (sports), fanatic

**fantasear** to daydream, to dream of, to imagine
**fantasía** *f.* fantasy
**fardo** *m.* bundle, bale
**fascinación** *f.* fascination
**fascinar** to fascinate
**fatigado** *adj.* fatigued
**favor** *m.* favor; **a favor de** in favor of
**favorecer** to favor
**favorito** *adj.* favorite
**fecha** *f.* date (point of time); **hasta la fecha** up to the present time
**feliz** *adj.* happy
**femenino** *adj.* feminine
**feo** *adj.* ugly
**fervor** *m.* fervor
**fiel** *adj.* faithful
**fiesta** *f.* festivity, holiday, feast, party
**fijar** to fix; **fijarse** to notice; **fijarse en** to pay attention to
**fila** *f.* row, line; *pl.* ranks
**filo** *m.* edge
**filosofía** *f.* philosophy
**fin** *m.* end; **a fines del verano** at the end of the summer
**final** *adj.* final
**finalmente** *adv.* finally
**firmado** *adj.* signed
**firmar** to sign
**fiscal** *m.* prosecuting attorney
**físico** *adj.* physical
**físicamente** *adv.* physically
**fisionable** *adj.* fissionable
**Florida** *f.* Florida
**fluctuación** *f.* fluctuation
**fluctuar** to fluctuate
**fomentar** to promote, to encourage, to foment
**fondo** *m.* bottom
**forma** *f.* form
**formidable** *adj.* great, formidable
**fortificar** to fortify
**fortuna** *f.* fortune
**fracasar** to fail
**fracaso** *m.* disaster, failure
**francamente** *adv.* frankly
**francés** *adj.* French; *m.* French (person), French (language)
**frecuencia** *f.* frequency
**freno** *m.* brake, restraint, check
**frente** *f.* forehead; *m.* front; **frente a** facing
**fresco** *adj.* cool
**frustrante** *adj.* frustrating
**fuente** *f.* source
**fuera** *adv.* outside; **fuera de** *prep.* outside of
**fuerte** *adj.* strong
**fuertemente** *adv.* strongly
**fuerza** *f.* strength, force
**fuga** *f.* flight, leak
**función** *f.* function
**funcionamiento** *m.* functioning
**funcionar** to function
**funcionario** *m.* official, functionary
**furioso** *adj.* furious
**fútbol** *m.* football
**futuro** *m.* future

**galón** *m.* gallon
**ganancia** *f.* profit
**ganar** to earn, to win
**ganga** *f.* bargain
**garantizar** to guarantee
**gas** *m.* gas
**gasolina** *f.* gasoline
**gastador** *adj.* wasteful
**gastar** to spend
**gasto** *m.* expense, expenditure
**general** *adj.* general; **por lo general** generally
**generalmente** *adv.* generally
**gente** *f.* people
**gerencia** *f.* management
**gerente** *m.* manager
**gobernante** *m.* governing person
**gobernar (ie)** to govern
**gobierno** *m.* government
**golf** *m.* golf
**golpe** *m.* blow, knock
**golpear** to hit
**gota** *f.* drop (of liquid)
**grabar** to record
**gracia** *f.* grace
**gracias** *f. pl.* thanks
**graduado** *adj.* graduated; *m.* graduate
**gráfico** *adj.* graphic
**gran** *adj. (shortened form of* **grande** *used in front of singular noun)* great
**grande** *adj.* large, great
**grandeza** *f.* greatness

**griego** *adj.* Greek; *m.* Greek (person), Greek (language)
**grupo** *m.* group
**guardar** to keep, to guard, to safeguard
**guerra** *f.* war
**guerrillero** *m.* guerrilla
**gustar** to please

**haber** to have *(usually used as an auxiliary verb)*, to be. **Ellos han ganado.** They have won; **ha habido** there has been; **no va a haber** there is not going to be; **habrá** there will be
**habilidad** *f.* ability, skill
**habitación** *f.* dwelling place
**habitante** *m.* inhabitant
**habitualmente** *adv.* habitually
**hablar** to speak
**habrá** there will be *(future tense of haber)*
**hacer** to do, to make; **hacerle caso a uno** to pay attention to someone
**hacia** *prep.* towards
**hallar** to find; **hallarse** to find oneself
**hambre** *f.* hunger
**hambriento** *adj.* starving; *m.* a hungry person, a starving person
**hasta** *prep.* until; **hasta la fecha** until now; *conj.* even
**hay** there is, there are; **hay que** one must, it is necessary
**hecho** *adj.* done, made; *m.* deed, act, fact
**hercúleo** *adj.* Herculean
**hermana** *f.* sister
**hermano** *m.* brother
**herradura** *f.* horseshoe
**hijo** *m.* child, son; **hija** *f.* daughter
**hincharse** to expand, to swell up
**hipoteca** *f.* mortgage
**hipotecado** *adj.* mortgaged
**hipotecar** to mortgage
**hipotético** *adj.* hypothetical
**hoja** *f.* leaf
**hombre** *m.* man
**hombro** *m.* shoulder
**honra** *f.* honor
**hora** *f.* hour
**hospital** *m.* hospital
**hoy** *adv.* today
**huelga** *f.* strike

**huelguista** *m. & f.* striker
**hueso** *m.* bone
**humano** *adj.* human
**humillante** *adj.* humiliating
**humorístico** *adj.* humorous

**idea** *f.* idea
**idealista** *adj.* idealistic; *m. & f.* idealist
**idéntico** *adj.* identical
**identificar** to identify
**idioma** *m.* language
**ignorado** *adj.* ignored
**ignorar** to ignore
**igualdad** *f.* equality
**igualmente** *adv.* equally
**ilógico** *adj.* illogical
**imaginarse** to imagine
**impacto** *m.* impact
**impartir** to impart, to give
**ímpetu** *m.* impetus
**imponer** to impose
**importancia** *f.* importance
**importante** *adj.* important
**importantísimo** *adj.* extremely important, very important
**importar** to matter
**imposible** *adj.* impossible
**imposición** *f.* imposition
**inaceptable** *adj.* unacceptable
**inagotable** *adj.* inexhaustible
**incluyendo** including
**incómodo** *adj.* uncomfortable
**incomprensible** *adj.* incomprehensible
**incorporarse** to join
**incorrecto** *adj.* incorrect
**incorregible** *adj.* incorrigible
**increíble** *adj.* incredible
**independencia** *f.* independence
**indicar** to indicate, to point out
**indirectamente** *adv.* indirectly
**individual** *adj.* individual
**individuo** *m.* individual
**indulgencia** *f.* indulgence, leniency
**industria** *f.* industry
**industrial** *adj.* industrial; *m. & f.* industrialist
**inevitable** *adj.* inevitable
**inevitablemente** *adv.* inevitably
**inflación** *f.* inflation
**inflamatorio** *adj.* inflammatory

**influencia** *f.* influence
**influir** to influence
**información** *f.* information
**informado** *adj.* informed
**infundir** to inspire, to infuse
**inglés** *adj.* English; *m.* English (person),
English (language)
**ingreso** *m.* entry; *m. pl.* income
**inhalar** to inhale
**inicial** *adj.* initial
**iniciar** to initiate
**iniciativa** *f.* initiative
**injusto** *adj.* unjust
**inmediatamente** *adv.* immediately
**inmediato** *adj.* immediate
**inmigrante** *m. & f.* immigrant
**inolvidable** *adj.* unforgettable
**inseguridad** *f.* insecurity
**insensatez** *f.* foolishness, stupidity
**insensible** *adj.* insensitive
**insignificante** *adj.* insignificant
**insinuar** to insinuate
**insistencia** *f.* insistence
**insistir** to insist
**insomnio** *m.* insomnia
**instalación** *f.* installation
**instalar** to install
**instinto** *m.* instinct
**instrumento** *m.* instrument
**insuperable** *adj.* insuperable,
insurmountable
**insuficiencia** *f.* insufficiency
**inteligencia** *f.* intelligence
**intención** *f.* intention
**intensidad** *f.* intensity
**intercomunicador** *m.* intercom
**interés** *m.* interest
**interesante** *adj.* interesting
**interior** *adj.* interior; *m.* interior, inside
**intermedio** *adj.* intermediate
**interminable** *adj.* interminable
**internacional** *adj.* international
**interponerse** to interpose oneself
**interpretar** to interpret
**intervención** *f.* intervention
**íntimamente** *adv.* intimately
**intrínsecamente** *adv.* intrinsically
**intrínseco** *adj.* intrinsic
**introducir** to introduce
**invadir** to invade
**invariablemente** *adv.* invariably

**invasión** *f.* invasion
**invención** *f.* invention
**inversión** *f.* investment
**investigación** *f.* investigation
**invitar** to invite
**inyectar** to inject
**ir** to go
**ironía** *f.* irony
**irritable** *adj.* irritable
**isla** *f.* island
**italiano** *adj.* Italian; *m.* Italian (person),
Italian (language)
**izquierdo** *adj.* left

**jamás** *adv.* never
**Japón** *m.* Japan
**japonés** *adj.* Japanese; *m.* Japanese (person), Japanese (language)
**jaqueca** *f.* migraine headache
**jardinero** *m.* gardener
**jefe** *m.* leader
**jerigonza** *f.* gibberish
**joven** *adj.* young; *m. & f.* youth, young
person
**jubilación** *f.* retirement
**jubilarse** to retire
**judicial** *adj.* judicial
**juego** *m.* game
**juez** *m.* judge; **jueces** *m. pl.* judges
**jugador** *m.* player
**jugar (ue)** to play
**juicio** *m.* judgment
**junto** *adj.* united, joined; *pl.* together
**jurado** *m.* juror, jury
**juramento** *m.* oath
**jurar** to swear
**justicia** *f.* justice
**justificar** to justify
**justo** *adj.* just
**juzgado** *adj.* judged
**juzgador** *m.* judger
**juzgar** to judge

**kilogramo** *m.* kilogram

**la** the *(definite article feminine singular),*
her *(direct object pronoun feminine singular),* you *(direct object pronoun femi-*

*nine singular),* it *(direct object pronoun feminine singular); pl.* **las**

**lado** *m.* side; **por todos lados** on all sides, on every side

**larga** *adj.* long; **a la larga** in the long run

**largo** *adj.* long

**lástima** *f.* shame, pity

**latino** *adj. & m.* Latin

**Latinoamérica** *f.* Latin America

**latinoamericano** *adj.* Latin American; *m.* Latin American

**le** to him, to her, to you, to it *(indirect object pronoun);* **le** *is sometimes used as a direct object pronoun for* him *instead of using* **lo**; *pl.* **les** to them, to you *(indirect object pronoun)*

**lección** *f.* lesson

**lechero** *m.* milkman

**leer** to read

**legal** *adj.* legal

**lejos** *adv.* far

**letrero** *m.* sign

**ley** *f.* law

**liberación** *f.* liberation

**libertad** *f.* liberty

**libre** *adj.* free

**líder** *m.* leader

**liga** *f.* league; **grandes ligas** big leagues, major leagues

**ligero** *adj.* light

**limitación** *f.* limitation

**limitado** *adj.* limited

**limitar** to limit

**límite** *m.* limit

**limpiar** to clean

**limpieza** *f.* cleaning, cleanliness

**línea** *f.* line

**lo** him *(direct object pronoun masculine singular),* you *(direct object pronoun masculine singular),* it *(direct object pronoun masculine singular),* the *(definite article neuter);* **lo que** that which, what; *pl.* **los**

**loco** *adj.* crazy

**locutor** *m.* broadcaster, announcer

**lógica** *f.* logic

**lógicamente** *adv.* logically

**lógico** *adj.* logical

**logrado** *adj.* achieved

**lograr** to achieve, to obtain, to get

**los** the *(definite article masculine plural),*

them, you *(direct object pronoun masculine plural)*

**lucha** *f.* fight, struggle

**luchar** to fight

**lucrativo** *adj.* lucrative

**luego** *adv.* soon, then; **luego de** right after

**lugar** *m.* place; **en lugar de** instead of, in place of

**lujo** *m.* luxury

**luz** *f.* light; **dar a luz** to give birth

**llamar** to call

**llanta** *f.* automobile tire

**llave** *f.* key; **cerrado con llave** locked

**llegar** to arrive, to arrive at, to reach; **llegar a ser** to become

**lleno** *adj.* full

**llevar** to take, to bear, to carry

**llover (ue)** to rain

**madera** *f.* wood, lumber

**madre** *f.* mother

**maestría** *f.* master's degree

**magnético** *adj.* magnetic

**magnífico** *adj.* magnificent, great, grand

**mal** *m.* evil, bad thing; *adv.* wrong; *adj.* bad *(short form of* **malo** *used in front of masculine singular noun)*

**malcriar** to spoil, to pamper

**malo** *adj.* bad

**Managua** *f.* Managua

**manejo** *m.* management, handling

**manera** *f.* manner

**manifestación** *f.* manifestation

**manifestar (ie)** to manifest, to declare, to show, to express

**manifiesto** *adj.* manifest, plain, obvious

**maniquí** *m.* manikin

**mano** *f.* hand

**mantener** to maintain; **mantenerse** to maintain oneself

**manual** *adj.* manual; *m.* manual, handbook

**mañana** *f.* morning; *adv.* tomorrow

**mapa** *m.* map

**máquina** *f.* machine

**mar** *m.* sea

**marcar** to mark

**marcha** *f.* march; **poner en marcha** to

start; **El puso el auto en marcha en cierta dirección.** He started the car in a certain direction.

**marido** *m.* husband

**marino** *adj.* marine; *m.* sailor

**más** *adv.* more, most; **más bien** rather

**mastodonte** *m.* mastodon

**materia** *f.* material

**material** *m.* material

**matrícula** *f.* registration

**matriculado** *adj.* registered, enrolled

**matrimonio** *m.* married couple, marriage, matrimony

**máximo** *adj.* maximum

**mayor** *adj.* greater, greatest, older, oldest

**mayoría** *f.* majority

**mecánico** *adj.* mechanical

**mecanismo** *m.* mechanism

**medallón** *m.* medal

**medicina** *f.* medicine

**médico** *adj.* medical; *m.* doctor

**medidor** *m.* meter; **medidor de tarifa** taxi meter

**medieval** *adj.* medieval

**medio** *adj.* half; **en medio** in half, in the middle; *m.* means; **por medio de** by means of

**meditación** *f.* meditation

**megalomanía** *f.* megalomania, disorderly condition

**mejor** *adj.* better, best; *adv.* better, best

**mejoramiento** *m.* betterment

**mejorar** to better

**mejorarse** to get better

**melancolía** *f.* melancholia

**melancólico** *adj.* melancholy, sad, gloomy

**mencionado** *adj.* mentioned

**mencionar** to mention

**menester** *m.* need, necessity; **es menester** it is necessary

**menor** *adj.* minor, younger, youngest

**menos** *adv.* less, least; **por lo menos** at least

**mental** *adj.* mental

**menudo** *adj.* small; **tan a menudo** so often; **a menudo** often

**meramente** *adv.* merely, simply

**mercado** *m.* market

**merecer** to deserve

**mérito** *m.* merit

**mes** *m.* month

**meta** *f.* goal

**metamorfosis** *f.* metamorphosis, change of form or structure

**meterse** to intervene, to get into

**método** *m.* method

**México** *m.* Mexico

**mezclado** *adj.* mixed

**mezclar** to mix

**mi** *possessive adj.* my; **mí** *pron. (object of preposition)* me

**Miami** Miami

**miedo** *m.* fear

**miembro** *m.* member

**mientras** *adv.* while; **mientras tanto** meanwhile

**mil** thousand

**milagroso** adj. miraculous

**militar** *adj.* military; *m.* soldier, army man

**milla** *f.* mile

**millar** *m.* thousand

**millón** *m.* million; *pl.* **millones** millions

**mimado** *adj.* spoiled

**mimar** to spoil

**minería** *f.* mining

**mínimo** *adj.* minimum; *m.* minimum

**minuto** *m.* minute

**misericordioso** *adj.* compassionate

**mismo** *adj.* same, itself; *m.* the same one, the same thing

**misterio** *m.* mystery

**misterioso** *adj.* misterious

**mitad** *f.* half

**modelo** *m.* model

**modesto** *adj.* modest

**modo** *m.* way, manner; **de este modo** in this way; **de modo que** so that

**molestar** to molest

**momento** *m.* moment

**monetario** *adj.* monetary

**monopolio** *m.* monopoly

**montaña** *f.* mountain

**montar** to mount; **montarse en el taxi** to get in the taxi

**moral** *adj.* moral; *f.* morality, morale

**moraleja** *f.* moral, lesson (of a fable or story)

**moralidad** *f.* morality

**moralmente** *adj.* morally

**mórbido** *adj.* morbid

**morir (ue)** to die

**mostrar (ue)** to show

**motivo** *m.* motive
**motor** *m.* motor
**motorizado** *adj.* motorized
**mover (ue)** to move; **moverse** to move oneself
**movimiento** *m.* movement
**muchísimo** *adj.* very much; *pl.* very many; *adv.* very much
**mucho** *adj.* much, very much; *pl.* many; *adv.* much, very much, a lot
**mudarse** to move
**muerte** *f.* death
**mujer** *f.* woman
**mulato** *adj. & m.* mulatto (mixed Caucasian and Negro ancestry)
**multiplicación** *f.* multiplication
**multiplicar** to multiply
**mundial** *adj.* world-wide, world
**mundo** *m.* world
**músculo** *m.* muscle
**muy** *adv.* very

**nacer** to be born
**nacimiento** *m.* birth
**nación** *f.* nation
**nacional** *adj.* national
**nada** *pron.* nothing
**nadie** *pron.* no one
**natural** *adj.* natural
**naturaleza** *f.* nature
**necesariamente** *adv.* necessarily
**necesario** *adj.* necessary
**necesidad** *f.* necessity
**necesitar** to need
**negar (ie)** to deny
**negativo** *adj.* negative
**negocio** *m.* business
**negro** *adj.* black
**nervio** *m.* nerve
**nerviosidad** *f.* nervousness
**nervioso** *adj.* nervous
**ni** *conj.* neither, nor; **ni—ni** neither—nor
**Nicaragua** *f.* Nicaragua
**ninguno** *adj.* no, not one, not any; **ningún** *is the masculine singular form used before a masculine singular noun; pl.* **ningunos**
**niño** *m.* child
**nivel** *m.* level
**no** *adv.* no, not

**noche** *f.* night
**nocturno** *adj.* night, nocturnal, lonely
**nombre** *m.* name
**normal** *adj.* normal
**norte** *m.* north; **más al norte** further to the north
**Norteamérica** *f.* North America
**Norteamericano** *adj. & m.* North American
**nos** *pron. (direct object, indirect object, reflexive)* us
**nosotros** *pron. (subject)* we; *pron. (object of a preposition)* us
**notable** *adj.* notable
**noticia** *f.* notice, news
**nuclear** *adj.* nuclear
**nuestro** *adj. (possessive)* our
**nuevo** *adj.* new; **de nuevo** again
**numerito** *m.* little number
**número** *m.* number
**numeroso** *adj.* numerous
**nunca** *adv.* never

**o** *conj.* or
**obligación** *f.* obligation
**obligado** *adj.* obligated
**obligatorio** *adj.* obligatory
**obrar** to work
**obrero** *adj.* pertaining to the working people; *m.* worker
**observar** to observe
**obsoleto** *adj.* obsolete
**obstáculo** *m.* obstacle
**obstinación** *f.* stubborness
**obtener** to obtain
**obvio** *adj.* obvious
**ocasión** *f.* occasion
**ocasionalmente** *adv.* occasionally
**ocultar** to hide
**oculto** *adj.* hidden
**ocupar** to occupy
**ocurrir** to occur; **se le ocurrió** it occurred to him
**ochenta** eighty
**ocho** eight
**ofender** to offend; **ofenderse** to become offended
**oficio** *m.* work, trade, occupation
**ofrecer** to offer
**oír** to hear

**ojo** *m.* eye
**olfato** *m.* smell, sense of smell
**olímpico** *adj.* Olympic
**olvidar** to forget
**ominoso** *adj.* ominous
**omisión** *f.* omission
**operación** *f.* operation
**opinar** to have an opinion
**opinión** *f.* opinion
**oponer** to oppose
**oportunidad** *f.* opportunity; **en otra oportunidad** another time
**oposición** *f.* opposition
**optimismo** *m.* optimism
**optimista** *adj.* optimistic; *m. & f.* optimist
**opuesto** *adj.* opposed
**oración** *f.* oration, sentence (grammar)
**orden** *f.* order, command; *m.* order (of things in a sequence)
**organización** *f.* organization
**organizado** *adj.* organized
**organizar** to organize; **organizarse** to organize oneself
**origen** *m.* origen
**ostentación** *f.* show display
**otro** *adj. & pron.* other, another
**oxígeno** *m.* oxygen

**pacífico** *adj.* pacific, peaceful
**padre** *m.* father
**pagar** to pay
**pago** *m.* pay
**país** *m.* country
**palabra** *f.* word
**Panamá** Panama
**panameño** *adj. & m.* Panamanian
**papel** *m.* role, paper
**paquete** *m.* package
**paquetito** *m.* little package
**para** *prep.* for, in order to; **para con** towards (attitude)
**parálisis** *f.* paralysis
**parecer** to seem
**pariente** *m.* relative
**parte** *f.* part
**participando** participating *(present participle of verb* **participar***)*
**participante** *adj.* participating; *m. & f.* participant

**participar** to participate
**particular** *adj.* particular; *m.* particular; **de particular** in particular, particularly
**partidario** *adj. & m.* partisan
**partido** *m.* party (body of persons united in a cause); game, match, contest
**pasado** *adj.* past; *m.* past
**pasajero** *m.* passenger; *adj.* passing
**pasar** to pass, to happen, to take place
**pasatiempo** *m.* pastime, hobby
**paso** *m.* pace, step
**pata** *f.* paw, foot
**patria** *f.* fatherland
**patrocinador** *m.* sponsor, patron
**patrocinar** to sponsor, to patronize, to support
**patrono** *m.* employer, sponsor
**peces** *m. pl.* fish
**pedir (i)** to ask, to ask for
**peligro** *m.* danger
**pelota** *f.* ball
**pelotero** *m.* baseball player
**pena** *f.* worry, concern; **valer la pena** to be worthwhile
**pensamiento** *m.* thought
**pensar (ie)** to think
**pensión** *f.* pension
**peor** *adj. & adv.* worse, worst
**pequeño** *adj.* small, little
**percibir** to perceive
**perder (ie)** to lose
**pérdida** *f.* loss
**perdurar** to last, to survive, to continue
**perfecto** *adj.* perfect
**periodista** *m. & f.* newspaper man or woman
**período** *m.* period
**perjudicar** to harm
**perjudicial** *adj.* harmful, prejudicial
**perjudicialmente** *adv.* harmfully, prejudicially
**permanente** *adj.* permanent
**permitir** to permit
**pero** *conj.* but
**perpetrar** to perpetrate
**perro** *m.* dog
**perseguido** *adj.* pursued, persecuted
**perseverando** persevering *(present participle of the verb* **perseverar***)*
**perseverante** *adj.* persevering
**persistente** *adj.* persistent

persistir  to persist
persona *f.* person
personal *adj.* personal; *m.* personnel
personalidad *f.* personality
perspectiva *f.* perspective
pertenecer  to pertain, to belong
pertinente *adj.* pertaining to, pertinent to
pesadilla *f.* nightmare
pesar  to weigh; **a pesar de** in spite of
pesimismo *m.* pessimism
pesimista *adj.* pessimistic; *m. & f.* pessimist
petición *f.* petition
petróleo *m.* petroleum
pez *m.* fish; *pl.* **peces**
piel *f.* skin
píldora *f.* pill
pisar  to step on
plan *m.* plan
planear  to plan
planta *f.* plant
plato *m.* plate
plazo *m.* term (a period of time); **a plazos** on time payment, on terms
pleito *m.* court or judicial action, law suit, quarrel, fight
plomero *m.* plumber
plutonio *m.* plutonium
población *f.* population
pobre *adj.* poor; *m. & f.* a poor person
pobreza *f.* poverty
poco *adj.* little (quantity); **unos pocos** a few; **poco a poco** little by little; **al poco** shortly, soon; *adv.* little
poder (ue)  to be able; *m.* power
policía *f.* police force; *m.* policeman
política *f.* politics
político *adj.* political; *m.* politician
politiquear  to politic
poner  to put; **poner en marcha** to start; **ponerse a** to begin to
popular *adj.* popular
popularidad *f.* popularity
por *prep.* for, through, along, by (means); **por lo menos** at least; **por eso** therefore, for that reason; **¿por qué?** why?; **por** *(with a noun)* because of, by means of; **por ciento** per cent
porcentaje *m.* percentage
porción *f.* portion
porque *conj.* because

porqué *m.* the why
posibilidad *f.* possibility
posible *adj.* possible
posiblemente *adv.* possibly
posición *f.* position
positivo *adj.* positive
potente *adj.* potent
practicar  to practice
práctico *adj.* practical
precario *adj.* precarious
precaución *f.* precaution
precio *m.* price
precomputocrático *adj.* precomputocratic
predilecto *adj.* favorite
preferencia *f.* preference
preferentemente *adv.* preferentially, preferably
preferiblemente *adv.* preferably
preferir (ie)  to prefer
pregunta *f.* question
preguntar  to ask; **preguntarse** to ask oneself
premiar  to reward
prensa *f.* press *(as used here it means the printed media, newspapers, magazines, etc.)*
preocupación *f.* concern, worry
preocupar  to preoccupy; **preocuparse** to worry, to preoccupy oneself
preparación *f.* preparation
presagio *m.* omen
presentación *f.* presentation
presentar  to present
presente *adj.* present; **tener presente** to bear in mind, to keep in mind
presidente *m.* president
presión *f.* pressure
prestar  to lend; **prestarse** to lend itself
pretexto *m.* pretext
previamente *adv.* previously
previo *adj.* previous
primero *adj. & adv.* first; (**primer** *is the short form before m.*)
primitivo *adj.* primitive
principal *adj.* principal, main
principiante *m. & f.* beginner; *adj.* beginning
principio *m.* beginning; **al principio** at first, in the beginning
prioridad *f.* priority
prisa *f.* haste, hurry

**prisión** *f.* prison
**privado** *adj.* private
**privilegiado** *adj.* privileged
**privilegio** *m.* privilege
**probable** *adj.* probable
**probar (ue)** to test, to try
**problema** *m.* problem
**proceder** to proceed
**procedimiento** *m.* proceeding
**procesamiento** *m.* trial, prosecution
**proceso** *m.* process
**proclamar** to proclaim
**producción** *f.* production
**producir** to produce
**producto** *m.* product
**proeza** *f.* prowess, skill
**profesional** *adj.* professional; *m. & f.* professional
**profesor** *m.* professor
**programa** *m.* program
**programado** *adj.* programmed
**progresivo** *adj.* progressive
**progreso** *m.* progress
**prohibido** *adj.* prohibited
**prohibir** to prohibit
**prolongado** *adj.* prolonged
**prolongar** to prolong
**promedio** *m.* average
**prometer** to promise
**promulgar** to produce, to effect
**pronto** *adv.* soon, quickly
**pronunciación** *f.* pronunciation
**propiedad** *f.* ownership, property
**propina** *f.* tip
**propio** *adj.* own
**proponente** *m. & f.* proponent
**proponer** to propose
**proporción** *f.* proportion
**proporcionar** to provide, to give, to furnish
**propósito** *m.* purpose, object
**proseguir (i)** to proceed
**protección** *f.* protection
**proteger** to protect; **protegerse** to protect oneself
**protestación** *f.* protestation
**protestar** to protest
**provechoso** *adj.* profitable
**provocar** to provoke
**proyecto** *m.* project
**prueba** *f.* proof, examination

**psicológico** *adj.* psychological
**público** *adj.* public; *m.* public
**puerta** *f.* door
**Puerto Rico** *m.* Puerto Rico
**puertorriqueño** *adj. & m.* Puerto Rican
**pues** *conj.* since, inasmuch as
**puesto** *m.* job, position, employment
**pulgada** *f.* inch
**pulmón** *m.* lung
**pulsera** *f.* bracelet
**punto** *m.* point; **estar a punto de** to be about to
**puramente** *adv.* purely

**que** *pron. (relative)* that, which, who, whom; *conj.* that
**qué** *interrogative adj. & pron.* what, which
**quedar** to remain, to be located
**queja** *f.* complaint
**quejarse** to complain
**quemar** to burn; **quemarse** to be burned, to burn oneself
**querer (ie)** to want, to wish; **querer decir** to mean
**quien** *pron. (relative)* who, he or she who; *pl.* **quienes** who, they who, those who; **hay quienes** there are those who; **quien paga los platos rotos** he who pays the bills
**quién** *interrogative pron.* who; **de quién** whose
**quienquiera** *pron. (indefinite)* whoever, whomever
**quince** fifteen
**quitar** to take away
**quizás** *adv.* perhaps

**racial** *adj.* racial
**racionalizar** to rationalize
**radio** *f.* radio (the media); *m.* radio (the set)
**rápidamente** *adv.* rapidly
**rapidez** *f.* rapidity
**rápido** *adj.* rapid
**rareza** *f.* rarity
**raro** *adj.* rare, scarce; **rara vez** seldom
**raza** *f.* race

**razón** *f.* reason
**reaccionar**   to react
**reactor** *m.*   reactor
**realidad** *f.*   reality
**realizar**   to realize (hopes, plans, desires, gains)
**recibir**   to receive
**recíproco** *adj.*   reciprocal, mutual
**reclamando**   demanding, claiming *(present participle of the verb* **reclamar***)*
**reclamar**   to demand, to claim
**recoger**   to pick up
**recomendar (ie)** to recommend
**recordar (ue)**   to remember
**recorrer**   to traverse
**recreativo** *adj.*   for recreation, for amusement
**recuerdo** *m.*   recollection, memory
**recurso** *m.*   resource, recourse
**rechazar**   to reject, to throw off, to throw aside
**reducción** *f.*   reduction
**reducido** *adj.*   reduced
**reducir**   to reduce
**referencia** *f.*   reference
**referente** *adj.*   referring
**reflejar**   to reflect; **reflejarse**   to be reflected
**reflejo** *adj.*   reflexive
**reflexión** *f.*   reflection
**reforma** *f.*   reform
**refugiado** *m.*   refugee
**refugio** *m.*   refuge, shelter
**regateo** *m.* bargaining
**registro de sumarios de procedimiento** *m.*   court docket
**regla** *f.*   rule, regulatíon
**rehabilitación** *f.*   rehabilitation
**relación** *f.*   relation
**relacionado** *adj.*   related
**relacionar**   to relate
**relatar**   to relate, to narrate, to tell, to report
**relativamente** *adv.*   relatively
**religioso** *adj.*   religious
**remedio** *m.*   remedy, relief
**renombre** *m.*   renown, fame
**repercusión** *f.*   repercussion
**repetición** *f.*   repetition
**representado** *adj.*   represented
**representante** *m. & f.*   representative

**representar**   to represent
**república** *f.*   republic
**República Dominicana** *f.*   Dominican Republic
**reputación** *f.*   reputation
**requerir (ie)**   to require
**requisito** *m.*   requirement
**reservado** *adj.*   reserved
**residir**   to reside
**resignarse**   to resign oneself
**resolución** *f.*   resolution, solving (of a problem)
**resolver (ue)**   to resolve; **resuelto** *(past participle)*
**respecto** *m.* respect (relation); **con respecto a**   with regard to
**respetar**   to respect
**respeto** *m.*   respect (esteem)
**responsabilidad** *f.*   responsibility
**responsabilizarse**   to become responsible
**respuesta** *f.*   reply, answer
**restaurante** *m.*   restaurant
**resto** *m.*   the rest
**restricción** *f.*   restriction
**restrictivo** *adj.*   restrictive
**restringido** *adj.*   restricted
**restringir**   to restrict
**resuelto** *adj.* resolved; *(also past participle of the verb* **resolver***)*
**resultado** *m.*   result
**resultar**   to result
**retiro** *m.*   retirement
**retórica** *f.*   rhetoric
**retórico** *adj.*   rhetorical
**reunir**   to gather, to meet
**revelación** *f.*   revelation
**revelado** *adj.*   revealed
**revelar**   to reveal
**revolución** *f.*   revolution
**rico** *adj.*   rich; *m.* a rich person
**riesgo** *m.*   risk
**riqueza** *f.*   wealth
**robado** *adj.*   stolen
**robar**   to steal
**robo** *m.*   robbery, theft
**rodante** *adj.*   rolling
**rodear**   to surround, to encircle
**rodeo** *m.*   roundabout way, cowboy competition
**rojo** *adj.*   red
**roto** *adj.*   broken, torn

rueda *f.* wheel; **en ruedas** on wheels

**saber** to know
**sacar** to take out
**sacrificio** *m.* sacrifice
**sal** *f.* salt
**salir** to leave, to come out, to go out; **salir bien** to turn out well; **salir mal** to turn out badly
**saloncito** *m.* little room (*used here with satire to mean* a closet)
**salud** *f.* health
**saludable** *adj.* healthful
**salvar** to save
**sangre** *f.* blood
**satisfacción** *f.* satisfaction
**satisfacer** to satisfy
**satisfactoriamente** *adv.* satisfactorily
**satisfactorio** *adj.* satisfactory
**satisfecho** *adj.* satisfied
**se** *pron. (reflexive) often used to form expressions of a passive or impersonal nature;* **no se encuentra uno mejor** a better one is not found; *also used as a third person form of reflexive pronoun for every gender:* himself, herself, itself, oneself, yourself, yourselves, themselves; *also used in place of the indirect object pronoun* **le** *or* **les** *before a direct object pronoun beginning with the letter* **l**
**sea** *third person singular present subjunctive form of the verb* **ser**; **comoquiera que sea la situación** however the situation may be
**secreto** *adj.* secret; *m.* secret
**sector** *m.* sector
**secundario** *adj.* secondary
**sedán** *m.* sedan
**segmento** *m.* segment
**seguir (i)** to continue, to follow
**según** *prep.* according to; **según el parecer** according to the view
**segundo** *adj.* second; *pron.* the second; *m.* second (of a minute)
**seguramente** *adv.* certainly, surely
**seguridad** *f.* security
**seguro** *adj.* sure; *m.* insurance
**seis** six
**selección** *f.* selection
**sellado** *adj.* sealed

**senado** *m.* senate
**sencillo** *adj.* plain, unadorned, simple
**sensato** *adj.* sensible
**sensible** *adj.* sensible, sensitive
**sensibilidad** *f.* sensitivity
**sentencia** *f.* sentence (as in a prison term)
**sentido** *m.* meaning, sense
**sentir (ie)** to feel
**señalando** pointing out (*present participle of the verb* **señalar**)
**señalar** to point out
**señora** *f.* lady, Mrs.
**señorita** *f.* young lady, Miss
**sepa** *present subjunctive third person singular form of verb* **saber**; **para que el público sepa** so that the public may know
**separar** to separate
**ser** to be; *m.* a being; **ser humano** a human being
**serie** *f.* series
**serio** *adj.* serious
**servicio** *m.* service
**servir (i)** to serve
**sesenta** sixty
**sesgado** *adj.* biased, slanted
**sesgo** *m.* bias, slant
**sesión** *f.* session
**seso** *m.* brain
**setenta** seventy
**severo** *adj.* severe
**sexo** *m.* sex
**si** *conj.* if
**sí** *adv.* yes; *when used for emphasis it may mean* certainly *or* indeed; **sí** *is also used as the third person form of reflexive pronoun as the object of a preposition to mean* himself, herself, itself, oneself, themselves, yourself, yourselves
**siempre** *adv.* always
**siendo** being (*present participle of the verb* **ser**)
**siete** seven
**siglo** *m.* century
**significado** *m.* significance, meaning
**significante** *adj.* significant
**significativo** *adj.* significative, significant
**silvicultura** *f.* forestry
**símbolo** *m.* symbol
**simplemente** *adv.* simply
**sin** *prep.* without; **sin embargo** however,

nevertheless

**sindical** *adj.* union, syndicate, pertaining to a union or syndicate

**sindicalizar** to unionize

**sindicato** *m.* labor union

**sinfín** *m.* endless number

**sino** *conj.* but *(used after a negative statement to introduce a counter-opposing word or words);* **sino que** but *(used after a negative statement to introduce a counter-opposing clause)*

**síntoma** *m.* symptom

**siquiera** *adv.* at least; *conj.* although, even though; **ni siquiera** not even

**sistema** *m.* system

**sitio** *m.* site, location

**situación** *f.* situation

**sobre** *prep.* over, on, upon, above, about, concerning; **sobre todo** above all, especially

**sobresaliente** *adj.* outstanding

**sobrevenir** to happen or occur suddenly

**sobrevivir** to survive, to outlive

**soccer** *m.* soccer

**social** *adj.* social

**sociedad** *f.* society

**socio** *m.* member

**solamente** *adv.* only

**solo** *adj.* alone; **sólo** *adv.* only

**solución** *f.* solution

**sombrero** *m.* hat

**someter** to submit

**sonrisa** *f.* smile

**soñador** *m.* dreamer

**soñar (ue)** to dream; **soñar despierto** to daydream; **soñar con los angelitos** to have pleasant dreams

**soporte** *m.* support

**sospechar** to suspect

**sospechoso** *adj.* suspicious

**sostenerse** to sustain oneself, itself, etc.

**su** *adj. (possessive)* his, her, your, their, its; *pl.* **sus**

**subconsciencia** *f.* subconsciousness, the subconscious

**subdesarrollado** *adj.* underdeveloped

**subida** *f.* rise, ascent

**subir** to rise, to go up

**sublime** *adj.* sublime, exalted, majestic

**subrepticiamente** *adv.* surreptitiously

**suceder** to happen, to occur

**suceso** *m.* event, happening

**sudamericano** *adj. & m.* South American

**sudor** *m.* sweat, perspiration

**sueco** *adj.* Swedish; *m.* a Swede; *m.* Swedish (language)

**sueldo** *m.* salary

**sueño** *m.* sleep; **tener sueño** to be sleepy

**suerte** *f.* luck

**suficiente** *adj.* sufficient

**sufrimiento** *m.* suffering

**sufrir** to suffer

**sugerencia** *f.* suggestion

**sugerir (ie)** to suggest

**suma** *f.* sum; *adj.* high, great, extreme

**sumario** *m.* summary, indictment; *adj.* brief, concise

**sumo** *adj.* very great, the greatest

**superioridad** *f.* superiority

**supermercado** *m.* supermarket

**superstición** *f.* superstition

**supersticioso** *adj.* superstitious

**suplantado** *adj.* supplanted

**suplementario** *adj.* supplementary

**suprimido** *adj.* suppressed

**supuestamente** *adv.* supposedly

**supuesto** *adj.* supposed

**sur** *m.* south

**surgir** to appear, to come forth, to arise, to surge forth

**susceptibilidad** *f.* susceptibility

**susodicho** *adj.* aforesaid

**suspender** to suspend

**suspiro** *m.* sigh

**sustitución** *f.* substitution

**tablado** *m.* stage

**tal** *adj.* such, such a; **tal vez** perhaps

**talento** *m.* talent

**también** *adv.* also, likewise, too, as well

**tampoco** *adv.* neither, not either

**tan** *adv.* so, as

**tanto** *adj., adv. & pron.* so much, as much; *pl.* so many, as many

**tardanza** *f.* delay, slowness

**tarde** *f.* afternoon, evening; *adv.* late

**tarifa** *f.* tariff, rate, fare

**tarjeta** *f.* card

**taxi** *m.* taxi

**taxista** *m. & f.* taxi driver

**técnica** *f.* technique

**técnico** *adj.* technical; *m.* technician
**tecnología** *f.* technology
**tecnológico** *adj.* technological
**televidente** *m. & f.* televiewer
**televisar** to televise
**televisión** *f.* television (the media)
**televisor** *adj.* television, pertaining to television; *m.* television set
**temer** to fear
**temporada** *f.* season
**temprano** *adj. & adv.* early
**tener** to have, to hold; **tener presente** to have in mind, to keep in mind; **tener que** to have to
**tenis** *m.* tennis
**tensión** *f.* tension
**teoría** *f.* theory
**terminar** to finish, to terminate
**término** *m.* end, limit, term; **término medio** compromise, middle ground, intermediate position
**terremoto** *m.* earthquake
**terreno** *m.* field, terrain
**terrible** *adj.* terrible
**terrorismo** *m.* terrorism
**tesis** *f.* thesis
**testigo** *m.* witness
**testimonio** *m.* testimony, proof, evidence, affidavit
**texto** *m.* text
**tiempo** *m.* time, weather, tense (grammatical)
**tipo** *m.* type
**tirar** to throw, to throw away
**título** *m.* title, degree
**tocante** *adj.* touching; **tocante a** concerning, with regard to
**tocar** to touch; **tocarle la suerte** to be the luck of someone; **Así le toca la suerte a un taxista cubano.** Thus is the luck of a Cuban taxi driver.
**todavía** *adv.* still, yet
**todo** *adj. & pron.* all; *adv.* entirely, all
**tomar** to take, to drink
**tonelada** *f.* ton
**tónico** *m.* tonic
**tópico** *m.* topic
**total** *adj. & m.* total
**totalmente** *adv.* totally
**trabajar** to work
**trabajo** *m.* work

**tradición** *f.* tradition
**tradicional** *adj.* traditional
**tradicionalista** *adj.* traditionalistic; *m. & f.* traditionalist
**traer** to bring, to carry
**tragar** to swallow
**tragedia** *f.* tragedy
**trágicamente** *adv.* tragically
**trágico** *adj.* tragic
**tranquilizante** *adj.* calming, tranquilizing
**tranquilidad** *f.* tranquility
**tranquilo** *adj.* tranquil
**transcurrir** to transpire, to elapse
**transición** *f.* transition
**transportación** *f.* transportation
**transportado** *adj.* transported
**transporte** *m.* transport, transportation
**tranvía** *m.* streetcar
**tras** *prep.* after, behind
**trasero** *adj.* hind
**trasladarse** to move oneself
**trastornado** *adj.* mad, topsy-turvey, giddy
**tratar** to try, to treat
**través** *m.* slope, slant; **a través de** by means of *(as used here),* through, across
**travesura** *f.* prank, mischief
**trébol** *m.* clover
**trece** thirteen
**treinta** thirty
**tres** three
**tribunal de jurados** *m.* jury
**triste** *adj.* sad
**tristeza** *f.* sadness
**triunfante** *adj.* triumphant
**triunfar** to triumph
**trocar (ue)** to barter, to exchange
**trote corto** *m.* jogging
**turno** *m.* turn

**últimamente** *adv.* recently, lately, finally, lastly
**último** *adj. & m.* last
**único** *adj.* only, sole, unique
**unido** *adj.* united
**unir** to join, to unite
**universalmente** *adv.* universally
**universidad** *f.* university
**universitario** *adj.* pertaining to a university; *m.* university student
**uno** one; *adj.* a, an (**un** *is the short form before a singular noun*)

**urgencia** *f.* urgency
**urgente** *adj.* urgent
**usar** to use
**uso** *m.* use
**útil** *adj.* useful
**utilidad** *f.* utility
**utilizado** *adj.* used, utilized
**utilizar** to utilize
**utopía** *f.* utopia

**vacación** *f.* vacation *(often used in the plural in Spanish)*
**vacilación** *f.* vacillation
**valer** to be worth; **valer la pena** to be worthwhile
**valor** *m.* value, worth
**vanidoso** *adj.* vain, conceited
**vaquero** *m.* cowboy
**variado** *adj.* varied
**variante** *f.* difference, variant
**variedad** *f.* variety
**varios** *adj. & pron.* various, several
**varón** *m.* male
**veces** *f.* (*pl. of* **vez**) times (occurrences); **a veces** at times
**vecino** *m.* neighbor
**vehemente** *adj.* vehement, persuasive
**vehículo** *m.* vehicle
**veinte** twenty
**vejez** *f.* old age
**velocidad** *f.* velocity
**vencido** *adj.* defeated; **darse por vencido** to surrender, to give up
**vender** to sell
**venenoso** *adj.* poisonous
**venezolano** *adj. & m.* Venezuelan
**Venezuela** *f.* Venezuela
**venir** to come
**ventaja** *f.* advantage
**ver** to see
**veracidad** *f.* veracity, truthfulness
**verano** *m.* summer

**veras** *f.* truth, reality; **de veras** truly, really
**verdad** *f.* truth; **en verdad** truly
**verdaderamente** *adv.* truly
**verdadero** *adj.* true, truthful, real
**verificar** to verify, to confirm
**vertiginoso** *adj.* accelerated, rapid, giddy, dizzy
**vestir (i)** to dress
**vestirse (i)** to be dressed, to dress oneself
**vez** *f.* time (occurrence); **de vez en cuando** from time to time; **a veces** at times
**viajar** to travel
**viaje** *m.* trip
**víctima** *f.* victim
**vida** *f.* life
**viejita** *f.* little old lady
**viejo** *adj.* old; *m.* an old person
**viernes** *m.* Friday
**vigilancia** *f.* vigilance
**vigilante** *adj.* vigilant; *m.* vigilante, watchman, guard
**vigoroso** *adj.* vigorous
**violación** *f.* violation
**violar** to violate
**violencia** *f.* violence
**vista** *f.* view
**visto** *adj.* seen; **por lo visto** apparently
**víveres** *m. pl.* groceries
**vivir** to live
**voltaje** *m.* voltage
**voluntad** *f.* will, volition
**voluntariamente** *adv.* voluntarily
**voluntario** *adj.* voluntary; *m.* volunteer
**volverse** to become, to turn around
**voto** *m.* vote

**y** *conj.* and
**ya** *adv.* already

**zona** *f.* zone